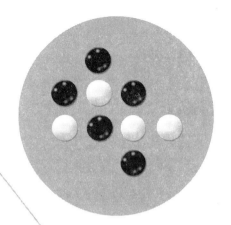

国际通用围棋

记谱秘籍

王明飞 王 恒/著

- 规范围棋语言 打破交流障碍
- 快速提高棋力 重现围棋盲棋
- 促进围棋活动 千年围棋创新

经济管理出版社

ECONOMY & MANAGEMENT PUBLISHING HOUSE

本书运用可以普遍接受的通用文字准确地表述围棋，使得不同文化背景的人们都能够很好地理解围棋。两个了解围棋的人，可以跨过语言的隔阂，对弈并讨论围棋。通用围棋记谱方法把围棋语言上升到数学语言一样简洁明了的境地，使围棋语言文字像数学语言一样美好。让更多的人学会围棋，享受围棋。

围棋是一种非常耗费时间的游戏。其他方面似乎没有什么耗费，唯一可以确定的是耗费时间。一局棋罢柯已烂，人间不知是何年。在本书的开始，笔者要提出忠告：时间！时间！时间！如果你有大把的时间可以消费，那么你就开始围棋吧。

目 录

第 — 章　围棋定义和记谱

第一节　定义、位置、棋阵

一、围棋定义

围棋是一种博弈活动，是博弈双方根据一定规则，在一个平面上，比较双方占据位置多少的游戏。具体来说，是一种由黑白两种颜色棋子，在 19×19 纵横交叉的位置点组成的棋盘上，比较黑白双方棋子占有交叉点位置多少的游戏。关于围棋的定义甚多，在此就不纠结具体的文字细节，只是给出一个自己理解的表述，这里给出一个定义是为了本书结构的完整。不管怎么定义，反正围棋就是围棋。

实体的围棋棋子一般有黑白两种颜色，各有 180 子。最早是用天然扁圆形石头棋子。现代棋子也是扁圆形的，直径为 22~23 毫米，厚度 5~10 毫米。材质除石材外，还有玻璃、塑料、陶瓷、玉石等材质。现在电子网络中的虚拟棋子依然是围棋棋子。顺便要说一下，应氏棋具是围棋精品，提高了围棋品位，让人惊艳。

围棋棋盘一般是画有 19×19 纵横垂直交叉平行线的平面，共构成 361 个交叉点。交叉点，简称"点"，俗称"地"，又称"目""空"。这些交叉点本书定义为："位置"，具体见后文。特殊位置的交叉点称为"星位""星"。棋盘最中央的交叉点称为"天元"。实体围棋棋盘纵横线间等距离。线间距离为一般是 22~25 毫米。为便于初学者练习，也有 13×13、15×15、17×17 小棋盘，以便减少下一局棋的时间，小棋盘不能用于正式比赛。

书籍和电子产品系统中的棋子及棋盘完全模拟现实，按适当比例缩小或放大。双盲棋和棋理推导也从上述现实中抽象而来。

总之，围棋是对弈双方各执一种颜色棋子，轮流在棋盘交叉点上落子，每次只能下一子，直至双方认为所有交叉点归属明晰为止，然后计算双方占有交叉点多少，进而比较胜负。

围棋对弈双方一般是两个自然人，也可以是两个团队，甚至是两个人工智能机器人。联手棋就是团队对弈的一种形式。盲棋是不看棋盘的一种对弈游戏。双盲棋是对弈双方都不看棋盘的对弈，相当于围棋在人脑海中虚拟化。人机对弈是对人和人工智能的考验，也是对围棋的考验。

二、围棋位置

位置是指棋盘上具体的交叉点。本书使用的通用围棋记谱方法明确定义了棋盘 361 个交叉点。每个交叉点都有可以口述，便于理解记忆的名称。通用围棋记谱方法使得围棋盲棋的形式有可能再次普遍出现。"气"是没有棋子的位置，是空的位置。"无气"是棋阵及其周边没有空的位置。活棋是棋阵及其周边有一个以上空的位置（气），根据后面的提子规则附则之禁着规则，棋阵不能被对方从棋盘上提出，从而可以在棋盘上保留到终局的棋阵。"气"就是"空的位置"。"打劫""倒扑"是"提子规则"的体现。"空的位置"和"提子规则（禁着规则）"是解释"气"的关键。对于"气"的准确解释是规范围棋的一个细节。

位置对于围棋的特殊性在于既可以是没有棋子的位置，空的位置；可以是已经有棋子的位置；可以是反复提子的位置。因为使用本书介绍的通用围棋记谱方法，在记录和讨论的时候，不用再去关注该位置以前的历史情况，只要关注该位置当下的情况即可。

三、围棋棋阵

棋阵：同色棋子相连构成的形状称为棋阵。棋阵是围棋特有的内涵。棋阵包含的棋子多少为 N，N≥1。也就是说，棋阵包含一个以上的棋子。最小的棋阵只有一个棋子，单兵成阵。棋阵一般包含十几到几十个棋子，甚至可以是上百个棋子。类似于传统术语说的"大龙"。本书明确"棋阵"的概念有助于围棋的讨论。

"阵"是冷兵器时代军队作战的队列布局，俗话说排兵布阵。"阵"在热兵器时代，也可以单兵成阵。热兵器时代从全局的角度来看，"阵"不仅没有消亡，而且以更宏观复杂的形式出现。以往的围棋研究中没有提出"棋阵"的概念是一个遗憾。

第二节　围棋语言——记谱

一、既往的围棋记谱方法综述

（一）图示法

图示法是现在通行的记谱方法。即画出棋盘或局部，在其上标注行棋的次序和黑白颜色。如图 1-1 所示，是 2016 年 3 月 15 日，李世石与 AlphaGo 的第四局。AlphaGo 执黑，李世石执白。白中盘胜。这是人类和 AlphaGo 对局的唯一胜局。白 78 手是制胜的一手。你能找到白 78 手的位置吗？

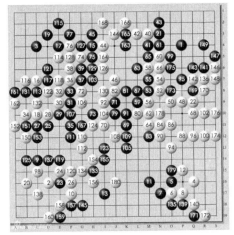

图 1-1

(二) 坐标法

坐标法即以棋盘的边线或中线为坐标轴，建立坐标。实际使用价值差，是一种没有流行的记录方式，仅在个别用于讲述棋盘位置时用到。如图 1-2 所示，黑 1 的坐标记为 Q17。

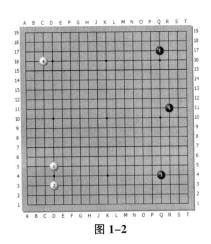

图 1-2

(三) 中国古代记法

1. 平上去入法

该法又称四隅法，是将棋盘分为五个部分，分别命名为上、平、去、入四隅和天元。古代明清两代，平上去入四隅记谱法极为常见。优点是便于印刷和读写，便于研究变着，能够下盲棋。缺点有三个：首先，五个部分划分不均衡，天元只有一个点，其他四个部分是关于中心对称，与棋盘的四方形状的实质不一致；其次，四个部分的起点不一样，方向也不一样，不便于记忆；最后，不利于机器识读。如图1-3所示。

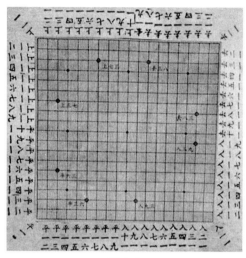

图1-3

2. 四大景盘法

明代出现了四大盘景记谱法。也称"四大景盘字"，就是按棋局上、平、去、入四隅，填入春、夏、秋、冬四组词，称"四景词"，作者为明代福建人吴晋叔。每组九十字，无一字相同。天元例外。每字代表棋盘上的一个交叉点，打谱时只要逐字寻检就能查到每着棋的落子位置。利于刻板印刷及节约纸张。我国古谱《石室秘传》《怡怡堂围棋新谱》等都采用这种记谱形式。另有"写盘诗"，是清代巫信车改写过伯龄《三子谱》时所作，除"诗"与"词"文字不同外，使用方法皆同。

四组词是：

春昼长，幸遇此韶光。盈宇宙，融和气象。藻底抛鱼尺，枝头弄莺簧，阆苑内百草芬芳，到惹起蝶乱蜂忙。集红妆，胡戏秋千过粉墙。解语难禁口，巧笑还拍掌。寻归路，共倒壶浆。那管多情恼断肠。噫！纵伴狂，怎及洞中一局，不知柯烂几夕阳。

夏日炎，汉表奇峰远。睹园林，葵榴乍展，高柳咽新蝉，华屋飞乳燕，曲栏外瀑下布泉，对南薰强奏虞弦，向雪槛，携咱仙姬赴玳筵。漫劳金缕唱，且把碧筒劝。酒已酣，便就湘簟。接见羲皇梦方转。呀！能消遣，争似赌墅终朝，忘却秦虏临城战。

秋景凉，白露始横江。喜丹桂，暗泄天香。关山笛吹鸣，门巷砧敲响，彩云收冰轮推上，吐清辉水波荡漾。列绮席，两行珠翠同玩赏。舞影满苔阶，歌声绕画梁。更闲嘲，渡河女郎。黉夜偷做凤求凰。呵！虽舒畅，勿若妙算入神，通国称善有名扬。

冬季好，万物告成了。只听得，朔风怒号。半空残叶飘，枯木寒鸦噪，霎时间六花缥渺，变皓首五岳都老。爱娇娥，围着铜炉添炭烧。琼卮泛醽醁，宝鼎实羊膏。开怀抱，剧饮达宵。何妨漏尽鸡三叫。嘘！极酕醄，岂如博弈为贤，莫负孔圣当年教。

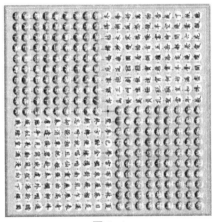
图1-4

以范西屏授六子对王月山之局为例：

薰见管莺头	粉羊鸦夜郎	舒畅声黉绕	女辉响敲香	歌清荡收玩
水名得有枯	善称娇国河	虽梁吐娥着	躁变抱神首	铜时间都霎
五空添号时	半苔为饮达	极宵鸡弈人	凤求酣怀剧	通呵渡三勿
酕岂门林几	夕怎那多及	掌泉祥浆纵	壶噫狂烂倒	槛对共禁路
难语红归虞	外玳栏羲争	简展乍乳榴	燕把仙携金	缕酣呀且姬

南湘就唱咱　便篁城似瀑　新蝉弦向下　藻底瀑屋飞　下阆劝苑内

抛鱼韶蝶百　忙蜂口戏内　虏碧蜂巧笑　内起草临消　上巷方梦孔

终转秦推算　凤一六残负　朝影

按图示法，即以下之局面，如图1-5所示。

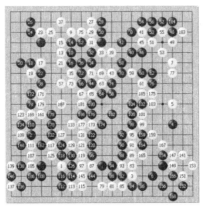

图1-5

3. 十九字法

说法是南唐徐铉创制的一种记谱方法。如图1-6所示。

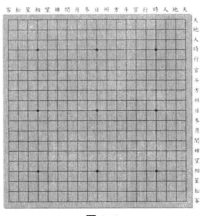

图1-6

徐铉是南唐的吏部尚书，著有《棋图义例》《金谷园九局谱》《棋势》等。《棋图义例》是第一本全面研究围棋战术的著作。徐铉分别给围棋盘上的十九道线冠以名称："一天，二地，三人，四时，五行，六宫，七斗，八方，九州，十日，十一冬，十二月，十三闰，十四雉，十五望，十六相，十七星，十八松，十九客。"用以记录棋谱。十九字的用法，按照现代人的理解就是坐标法，但是古代人是将此法结合到棋盘的平、上、去、入四隅中，在四个长方块之内用坐标法。

4. 方位记谱法

方位记谱法仅见于《集异记》描述王积薪栖檐听棋。"妇曰：'起东五南九置子矣。'姑应曰：'东五南十二置子矣。'妇又曰：'起西八南十置子矣。'姑又应曰：'西九南十置子矣。'"因此学会《邓艾开蜀势》。"至今棋图有焉，而世人终莫得而解矣。"《邓艾开蜀势》的首四步是：东五南九、东五南十二、西八南十、西九南十。第二步很难解释，因为如将棋局分为东南、西南、东北、西北四块，"十二"是没法解释的。理解为过道旁边的两路，是比较勉强的。如图 1-7 所示。

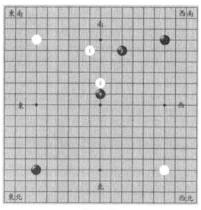

图 1-7

方位记谱法还有用八卦方位来表示棋局的，清朝施定庵《弈理指归》曾经使用，没有普及。

(四) 代号谱

将棋盘的横线用数字表示，纵线用英文字母表示，舍弃 I 避免与数字 1 混淆。如图 1-8 所示。由于使用不方便，也没有得以推广。

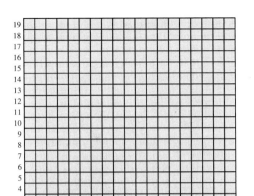

图1-8

以上各种记谱方法都是围棋发展中的历史产物。对围棋的记谱都有一定的作用，也有明显的局限。

二、通用围棋记谱方法

通过对围棋和围棋记谱法的研究，我们在1997年发明了一种新的围棋记谱方法。这是一种数字记谱法，是用三个一位数数字记录围棋棋谱。每个数字代表不同的意思：第一个数字代表棋盘的四个方位，第二个数字代表棋盘竖向的经线，第三个数字代表棋盘横向的纬线。三个数字组合在一起，代表棋盘上一个具体的交叉点的位置。

这个记谱方法也可以称为王氏记谱法。

这个围棋记谱方法发明的目的，是在于提供一种基于围棋爱好者人人皆知的常识和习惯，方便记录围棋，方便棋谱抄写和研究；打破地域和民族隔阂，能够世界通用，人机共享的现代国际通用的围棋记谱法。

笔者发明的现代国际通用围棋记谱法是：从棋盘边线开始，将一位数码按1、2、3、4、5、6、7、8、9、0、9、8、7、6、5、4、3、2、1与棋盘线路一一对应。如图1-9所示，将棋盘左上角的区域对应记为1，右上角的区域对应记为2，左下角的区域对应记为3，右下角的区域对应记为4。按照区域、经线、纬线的顺序，用三个一位数码表示围棋棋盘位置。

图 1-9

简明一点如图 1-10 所示。

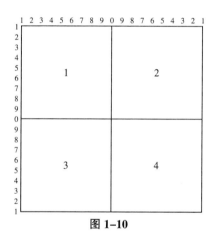

图 1-10

即从棋盘边线开始，将一位数码按 1、2、3、4、5、6、7、8、9、0、9、8、7、6、5、4、3、2、1 与棋盘线路一一对应地命名棋盘的经线和纬线，纵线和横线。则过天元的两条为 0 线，十字线。0 线、十字线把棋盘分成了四个 10×10 的小棋盘。按照顺时针方向，从左上角开始，把四个小棋盘分别命名为 1、2、4、3。符合数学对象限的定义。同样，小棋盘边线的命名符合人们的传统习惯。记录时，先记小棋盘的名称，再记纵线的名称，再记横线的名称，这样，用三个一位数码即可记录围棋棋盘棋子的位置。过天元的十字线同时属于相临的两个小棋盘，记录时可以任选其一。

口诀：先经后纬；

先左右，数经线；

后上下，数纬线。

摘要：将 1、2、3、4、5、6、7、8、9、0、9、8、7、6、5、4、3、2、1 与棋盘线路一一对应。则过天元的 0 线、十字线把棋盘分成四个 10×10 的小棋盘。四个小棋盘分别命名为 1、2、3、4。记录时，先记小棋盘的名称，再记纵线的名称，再记横线的名称，这样，用三个一位数码即可记录棋盘位置。

英语：Match 1, 2, 3, 4, 5, 6, 7, 8, 9, 0, 9, 8, 7, 6, 5, 4, 3, 2, 1 with the chessboard line one by one. Then the chessboard is divided into four 10×10 small chessboards by cross the 0 of Tianyuan. The four small chessboards are named 1, 2, 3 and 4 respectively. When recording, first record the name of the small board, then the name of the vertical line, and then the name of the horizontal line. In this way, three one digit numbers can be used to record the position of the chessboard.

日语：1、2、3、4、5、6、7、8、9、0、9、8、7、6、5、4、3、2、1を碁盤の線に対応します。天元の0 十字線を過ぎて盤を10×10の四つの小盤に分けます。四つの小さな碁盤はそれぞれ1、2、3、4と名付けられています。記録する時は、まず小さな碁盤の名前を覚えてから、縦線の名前を覚えて、横線の名前を覚えてください。そうすると、三桁の数字で碁盤の位置を記録できます。

韩语：1, 2, 3, 4, 5, 6, 7, 8, 9, 0, 9, 8, 7, 6, 5, 4, 3, 2, 1, 보드 선로 하나로 대처한다. 천원의 0 십자선은 바둑판을 네 개 10×10 으로 나누었다. 네 개의 작은 바둑판은 각각 1, 2, 3, 4 로 이름을 지었다. 기록할 때 작은 바둑판의 명칭을 적어 세로로 명칭을 외우고 가로선 명칭을 적어 두면 세 명의 디지털로 바둑판 위치를 기록할 수 있다.

法语：Alignez 1, 2, 3, 4, 5, 6, 7, 8, 9, 0, 9, 8, 7, 6, 5, 4, 3, 2, 1 sur la ligne d'échiquier. La ligne 0-Croix de l'Antenna divise les échecs en quatre petites échecs de 10×10. Les quatre petites échecs sont appelés 1, 2, 3 et 4 respectivement. Lors de l'enregistrement, Notez d'abord le nom de la petite échiquier, puis le nom de la ligne longitudinale, puis le nom de la ligne transversale, de sorte que l'emplacement de l'échiquier peut être enregistré avec trois chiffres.

西语：1, 2, 3, 4, 5, 6, 7, 8, 9, 0, 9, 8, 7, 6, 5, 4, 3, 2, 1 corresponde a la línea del tablero de ajedrez. Una cruz de 0 dólares divide el tablero en cuatro pequeños tableros de 10×10. Los cuatro tableros se denominaron 1, 2, 3 y 4. Cuando se registra, se anota el nombre del tablero, luego el nombre de la columna y luego el nombre de la línea, de modo que la ubicación del tablero puede registrarse con tres dígitos.

读懂了上面这段话，就能读懂本书的大部分内容。

四角星位分别是：144、244、344、444。

天元：000＝100＝200＝300＝400。

十字线上的星位：104＝204，140＝340；404＝304，440＝240。

也就是说，天元有五种表示方法。十字线上的位置，除了天元以外，都有两种表示方法。

具体记谱应用示范一：

1. ●234，○144/ 2. ●444.○343/ 3. ●253，○230/ 4. ●238，○437/ 5. ●473.○424/ 6. ●336.○334/ 7. ●339，○139/ 8. ●163，○143/ 9. ●194，○347/ 10. ●346，○337/ 11. ●327，○328/ 12. ●338，○326/ 13. ●317，○316/ 14. ●357，○318/ 15. ●327，○317/ 16. ●348，○165/ 17. ●284，○255（下略，取自第九届富士通杯）。

以上是根据黑白双方的回合，记录的落子顺序，和习惯的黑白手数合计表示有一个简单的换算。以/划分每个回合。也可以按照传统习惯表示。

举例：1.●234/ 2. ○144/ 3. ●444/ 4. ○343/ 5. ●253/ 6. ○230/ 7. ●238/ 8. ○437/ 9. ●473/ 10. ○424/ 11. ●336/ 12. ○334/ 13. ●339/ 14. ○139/ 15. ●163/ 16. ○143/ 17. ●194/ 18. ○347/ 19. ●346/ 20. ○337/ 21. ●327/ 22. ○328/ 23. ●338/ 24. ○326/ 25. ●317/ 26. ○316/ 27. ●357/ 28. ○318/ 29. ●327/ 30. ○317/ 31. ●348/ 32. ○165/ 33. ●284/ 34. ○255（下略，取自第九届富士通杯）。

以上以/划分每个手数。也可以不加黑白标志，而根据单双步数判断黑白，单数即为黑棋，双数即为白棋。

举例：1.234，2.144，3.444，4.343，5.253，6.230，7.238，8.437，9.473，10.424，11.336，12.334，13.339，14.139，15.163，16.143，17.194，18.347，19.346，20.337，21.327，22.328，23.338，24.326，25.317，26.316，27.357，28.318，29.327，30.317，31.348，32.165，33.284，34.255（下略，取自第九届富士通杯）。

具体记谱应用示范二：

李世石与 AlphaGo 第四局，使用通用围棋记谱法。

AlphaGo● 李世石○

2016 年 3 月 15 日 首尔

李世石与 AlphaGo 的第四局

白中盘胜

//1●244○344/2●134○434/3●454○453/4●463○443/5●336○363/6●474○445/7●393○153/8●184○137/9●154○130/10●143○324/11●263○239/12●354○355/13●349○364/14●339○140/15●150○159/16●169○158/17●168○120/18●369○167/19●177○166/20●176○273/21●274○283/22●262○194/23●183○107/24●240○249/25●250○259/26●269○268/27●278○267/28●277○279/29●260○276/30●289○265/31●264○270/32●286○479/33●275○266/34●288○230/35●499○399/36●109○178/37●180○175/38●185○164/39●163○299/40●100○280/41●298○108/42●478○469/43●458○459/44●449○448/45●439○468/46●490○199/47●429○457/48●247○438/49●334○335/50●255○428/51●419○220/52●187○190/53●497○179/54●160○308/55●498○378/56●368○377/57●138○155/58●152○127/59●147○157/60●356○365/61●146○148/62●397○389/63●326○196/64●174○165/65●186○198/66●128○139/67●385○375/68●452○227/69●346○333/70●442○432/71●226○237/72●236○103/73●372○216/74●215○217/75●224○328/76●329○319/77●338○386/78●396○384/79●362○352/80●351○341/81●118○119/82●294○195/83●293○292/84●379○192/85●238○228/86●431○421/87●258○418/88●256○210/89

●269○260/90●455○304///（共计 180 手，90 回合。白中盘胜。）

　　○第 78 手，被古力誉为："神之一手"。该手是 39○299。该手的位置是 299。这是人类和 AlphaGo 对局的唯一胜局。

　　本记谱方法的棋谱中：//开始符，/分割和继续符，///结束符。后数字是对局双方的回合顺序。●○是黑白双方。●○后面的三个数字的意思是：第一个数字代表四个区域；第二个数字代表棋盘的经线，第三个数字代表棋盘的纬线。//前面的是谱头信息，一般包括对局双方及其执子黑白，对局的时间地点，对局的其他信息。///后面的是谱尾信息，一般在括号中表示，是为了便于和其他记谱信息对照，包括手数、回合、贴子、胜负等信息。//和///之间，是整个棋局的进程。

　　打谱默盘是围棋的基本功，把 19 格棋盘通盘记下来是高手的功夫，一般学习者不易做到。本发明把全棋盘分成四个相同的部分，有助于初学者记忆，在脑子里形成清晰的棋路，利于提高棋力。下盲棋是锻炼棋力的好方法，而由于古代围棋记谱法的断代和现代通行的是图式法，下盲棋的形式实际上已经近乎绝迹。而用本发明可以使棋手在短时间里学会下盲棋。对提高棋力大有好处。另外，本发明还便于手工抄录。同时，便于印刷，降低印刷成本，节约版面，增加印刷品的容量。因为本发明使围棋的 361 个交叉点位置都有了标准的或变通的名称，只用 2 个或 3 个阿拉伯数码就可以记谱和解说，有利于围棋在世界范围内推广。如201（199），202（478），或加上黑白棋子符号●201（199），○202（478）。这些符号和数字为世界通用，比尖、托、跳、冲等局部术语要容易传播。另外，本发明的 44，33，00 等，和传统观念术语吻合。用本发明可以进行通信比赛，可以用电话、电报、短信、微信传谱，比面对面的比赛节约大量费用，并且增加趣味，吸引更多人参与。

　　本记谱方法以数字为基础，注重国际通用，遵循传统习惯，能够人机共享。该记谱方法必将成为围棋走向世界的新文字、新语言，为围棋发展带来新工具、新气象。

第二章
围棋规则与术语

第一节　围棋规则

围棋规则由于历史地域的不同而存在差异。规则的不统一影响了围棋的推广交流。本章试图抽离地域和历史的局限，表述围棋本身应当具备的核心规则。

一、基本规则

（1）规则一，落子规则（行棋规则）：先由黑方下 N 子，再由白方下一子。然后黑白交替，每次下一子。直到双方在棋盘上由黑白棋子组成的交界清楚划定。N＝1，2，3……9。用棋阵概念表达其中一句是：直到双方棋阵交界确定。

附则，让子规则：当 N≥2 时，其位置必须与棋盘上的星位重合。

（2）规则二，提子规则：当棋子及其同色相连的棋子构成的图形内外均与对方棋子相连时，该图形包含的所有棋子必须从棋盘上拿掉。用棋阵的概念表达：当棋阵无气时，该棋阵从棋盘提出。

附则一，禁着规则：当落子后造成对方符合提子规则时，可以落子。落子后不能造成对方符合提子规则，而所落棋子或所落棋连成的形状反而符合提子规则时，不可以落子。不可以落子的交叉点称禁着点。用棋阵的概念表达：当落子后己方的棋阵无气，同时又不可以提出对方棋阵时，不可以落子。不可以落子的位置称禁着点。

附则二，打劫规则。当落子后只能从棋盘上拿掉对方一个棋子时，这种情形不能在相邻的两个交叉点连续发生。即双方在相邻两个位置不能连续各提一子。本规则的目的是为了避免游戏在某个局部区域的无限循环。

（3）规则三，胜负规则：将棋阵包含的位置的个数（X），加上棋阵交界处位置的平均数（Y），加上规则调整数（Z），为各方所有棋阵占有位置的总数。比较黑（B）白（A）双方棋阵所占位置的多少判断胜负。

$$A = Xa + \frac{1}{2}Y + Z$$

$$B = Xb + \frac{1}{2}Y - Z$$

$$A - B \rightarrow = \begin{vmatrix} >0 & A\ \text{胜} & B\ \text{负} \\ 0 & \text{和} & \\ <0 & A\ \text{负} & B\ \text{胜} \end{vmatrix}$$

即比较双方棋阵占据的位置多少，棋阵相接处的位置各算一半。

附则，贴子规则。贴子调整数 Z。调整数 Z 系人为规定。比如，当 N＝1 时，

$$Z = Z_1 = \begin{vmatrix} 3\frac{3}{4} & \text{中国围棋协会规则} \\ 0 & \text{不贴子规则} \end{vmatrix}$$

当 N≥2 时，

$$Z = Z_1 + Z'$$

$$Z' = N$$

二、规则解释

（1）规则一是行棋规则。

通过行棋规则规范棋局的进程中应该遵循的规则。主规则是落子规则。落子

规则主要内容是规定博弈双方轮流落子，每次只落一个棋子在棋盘上。这是围棋的最核心的规则。这个规则是解决博弈双方落子公平的问题。如果一方在棋盘上可以一次落一个以上棋子，而另外一方一次只能落一个棋子，那么这是一种不公平的对弈。不公平的对弈是"公平对弈"不能解决的问题。现实世界中，不公平博弈是更广泛的现象。不公平博弈在现实世界经常被视同为公平博弈。一方在世界这个大棋盘上落 N 子，另一方在世界这个大棋盘上落 M 子。M 子和 N 子在博弈双方看来，可能是一种公平合理的落子。更多的 M 子和 N 子是不公平的落子。无论公平以否，都是博弈双方不能改变且必须接受的博弈现实。围棋对弈只解决围棋棋盘之上的公平博弈。

（2）让子规则是行棋规则之附则，是明确棋力低的棋手可以先在棋盘上放置若干棋子的规则。

规则二提子规则是棋子的阵亡规则。当某个棋阵无气时，该棋阵从棋盘全部提走，不能再在棋盘保留。提出棋盘的棋子不能再对棋盘上的后继棋局发挥作用。

禁着规则是提子规则的附则。这条规则是禁止落子后自己的落子棋阵符合提子规则。被禁着的位置称为禁着点。由于每次只能落一子，所以禁着点必然是一个具体的位置点。

打劫规则也是提子规则的附则。打劫规则的目的是为了避免游戏在某个局部区域的无限循环。但打劫可能引起局部循环背后连带的更加复杂的情况。打劫，尤其是循环劫，是围棋应该深入研究的一个枝节。

（3）规则三胜负规则是确定棋局胜负的依据。

棋局的进程中，主要是规则二在起作用。规则一是如何开始，如何制定秩序；规则二是双方棋阵对抗的战场规则；规则三是如何结束，如何计算胜负。

三、终局规则

终局规则是围棋的一项重要规则。规则应该明确对局终局的情况。目前各种围棋规则除了裁判裁定终局之外，各个规则对终局的定义不同。

中国棋规有两条涉及终局，第 7 条和第 13 条。

中国围棋竞赛规则（2002 年版）。

第 7 条　终局

1. 棋局下到双方一致确认着子完毕时，为终局。

2. 对局中有一方中途认输时，为终局。

3. 双方连续使用虚着，为终局。

第 13 条　终局

1. 除总则第 7 条的规定外，凡参赛一方弃权或被判负、判和的棋局，也作终局处理。

2. 双方确认终局的次序是：先由轮到着手的一方以简洁的语言表明"棋局结束""棋已下完"，对方予以回应，终局即告成立。"

一个规则里面对同一个词条分列，不太妥当。可以理解为前一条是完全针对对局，后一条是给裁判的依据。

日本棋规关于终局的表述似乎更混乱。日本棋规在终局前增加了一个对局停止。停局后协商一致方可终局。对局停止后"收单官""补棋"，之后有可能继续进行对局，也有可能终局。

日本围棋规则（1989 版）。

第 9 条–1（终局）一方放弃着手权利，接着另一方也放弃时，"对局停止"成立。

解说：放弃着手是对局停止的宣言。接着对方也同样放弃时，对局即停止。双方表明放弃着手的意思时，也就是对局停止之时。

第 9 条–2 对局停止后，双方确认棋子的死活以及地，并且达成议对局结束，称之为"终局"。

解说：①"收单官""补棋"是必要着手，为了确认棋子的死活和地，根据第 8 条规定规定，终局前必须"收单官"及"补棋"。②对局停止后的"收单官""补棋"规定的例外。根据对局者的协议，对局停止后所进行的适宜的"收单官"及"补棋"不属于规定内的着手。

第 9 条–3 对局停止后，一方要求重新开始对局时，必须服从对方有先行下子的权利。

解说：①重开对局的要求，即解除对局的停止状态。再次开始竞技。②对方有先行着手的权利。第一，对局再开之前，在停止期间如果有规定外的着手，可视其为无效，重新开始对局；第二，从要求重开对局的对方开始行棋。③必须服从本项规定，被要求重开对局的一方，如果认为无继续着手的必要性，可以放弃着手权利。

日本棋规也是协商一致方可终局。终局前不计手数不计时间的"收单官"和"补棋"是不合理的。最后一条"可以放弃着手权利"，相当于虚手。

应氏棋规对终局没有单独的条目。认定终局有两种情况：一是认输终局。认输："对局中途一方因域点明显不够，经再三研究，绝无反败为胜之机会，应放两子于棋枰外侧右下方表示认输，着手终止对方不计胜。"二是四虚终局。应氏棋规的终局和虚手很有关系。应氏棋规多个条目下均涉及虚手。

应氏围棋竞赛规则。

第一条　着手：着分虚实、除穷任择。

着手：着手简称"手"，本规则分实手、虚手。实手以棋子着于着点，有棋形变化及手数增加。虚手无棋子着于着点，无棋形变化仅手数增加。对局以实手开局，虚手终局。

虚手：单方虚手认输，着手自然终了。其余单方虚手如无权争点之"让手棋"及无点可争之"偏单官"必须着手继续。单官着完各一虚手着手休止。死子清完再各一虚手着手终了。

注一：虚手表示方式见第二章礼节。单官漏着之处理见第二章罚则。

第八条　罚则、免罚：对局者发生下列着手免罚。

误虚：实手尚可争点而虚手，即可着而未着，漏着一手，除损失一手棋之效力外，不另加罚。最后一单官，如双方皆未发现，于填满计时点，始发现漏着，但着手已终了不得恢复，应作分空论，免罚。

第九条　礼节。

示虚：虚手表示方式为对局重要之礼节。

（1）认输：对局者棋势不佳，经再三考虑自认无法获胜，自愿中途认输而虚手，应放二子于棋枰上表示之。国际对局日增，言语不通实为常事，虚手表示方式，日益重要。

（2）单虚：单方无权争点或无点可争之虚手，得放一子于棋枰外或其他示意方式表示之。"

应氏棋规表述虚手的版本还有：①虚手："国际棋赛日增，言语不通已为常事，围棋俗称手谈，无须对话。无权争点或无点可争之单方虚手应放一子于棋枰外侧右下方，表示虚手。"②虚手："单方虚手认输，着手终止。非认输之单方虚手，着手继续。单官着完，双方虚手，着手休止，清除死子如有歧见，着手可再继续。死子清完，变方再虚手，着手终了，四虚终局。"

应氏棋规的"四虚终局"实际是协商一致终局。双方以虚手表示，停局，清理死子后，双方再次以虚手表示，终局。和日本棋规一样都有一个清理棋盘的环节。清理棋盘是人为对对局过程的干预，有悖围棋道理。包括终局以后，都不应该对棋盘进行任何干预。不应该进行整棋，清理出人为认定的死子。现在能够进行清理棋盘，清理死子，也是由于双方一致认可。

将以上棋规对终局的意见概括起来，是如下三个方面：①双方一致同意；②一方认输；③裁判终局。

我们认为，双方同意终局和围棋本身的终局是两个概念。

虚手的设定是人为的规定。这条规定的保留是为了避免围棋无限期继续下去。按照其他的竞赛原则，应该虚手为负。

虚手是对落子权利的弃权，是指不在棋盘落子，就让对方视同于已经落子。当轮到某一方下棋时，该方不在棋盘下棋，比赛时直接按钟，或举手示意，或语言示意，或将两颗棋子放置在棋盘外，都视同虚手。

其他任何竞赛，如果轮到你行动的时候，你无处行动，就是放弃行动的权利。按照常规的竞赛原则，放弃一方自然是输掉竞赛。所以，围棋规定的虚手是对优势方的保护。保留虚手更根本的意义，是避免棋局无限延续。如果没有这一条虚手的规定，围棋对局将会无限期继续下去。

假设虚手为负。最后必然只能在自己的眼位填子。填到最后，一方首先把自己的所有眼位填满，从而被另一方提掉。提掉之后，会出现大面积的空出来的棋盘。被提掉的一方反而有更多的落子之处。极端情况下会出现一方用一子提掉对方的360子。对局就又回到了起点。每方180子是肯定不够用的。每方180子的考虑是双方平分棋盘。如果有"虚手为负"的规定，理论上应该每方361子。个人认为，"虚手为负"才是围棋的天道。在这种情况下，围棋是自然法则的体现，是黑白太极的体现，因此才会出现黑极而白，白极而黑的情况。这种情况想想就很有意思。

所以说，各种围棋规则的重要一条是要确定终局条件。

除了上面说到的三个终局条件，至少应该再明确下面两种终局条件：

（1）双方虚手的终局。

当一方虚手，另一方也虚手，终局。

双方虚手的终局是协商终局，也是中国规则终局"3. 双方连续使用虚着，为终局。"

（2）单方虚手的终局。

单方连续虚手 X 次，终局。

连续虚手次数应该大于黑棋贴子数 Z，比如中国棋规"黑棋贴还 3 又 3/4 子"，连续虚手次数应该至少 5 次。

$$X = Z + 1$$

考虑到让子棋的情况，比如让子数是 Y，如果让 9 子，那么连续虚手 5 次，对手下了 5 颗子，终局。按棋盘上棋子数计算，5：0 的结果显然是不合理的。所以让子棋的单方虚手终局次数，应该是，

$$X = Z + Y + 1$$

单方累计虚手 X 次，终局。

单方累计虚手次数 X 终局，至少应该大于单方连续虚手次数 X 终局。所以，

$$X = Z + Y + 2$$

四、棋盘原则

棋盘为准，子空皆地。棋盘之外，概不考虑。

21

棋盘原则是说围棋对弈的一切，应该以棋盘为准。棋盘之上，子空皆地，只考虑棋盘上的 361 个位置的归属，棋盘之外不予考虑。

试举一例旧闻，以说明棋盘原则的必要性。

2010 年 8 月 7 日，第 15 届三星杯世界围棋大师赛预选赛在韩国棋院收枰。本次比赛最大的新闻是：因为一颗死子的归属，一名韩国女棋手被认为是"耍赖"，从而引发出一场双方争论激烈的风波。

来自中国湖北的鲁佳二段，在 6 日进行的女子小组赛半决赛中执黑对阵韩国金恩善三段。比赛中，鲁佳把提掉的一颗白棋棋子，放回了金恩善的棋盒。比赛结束后，裁判点目的结果是金恩善半目胜。鲁佳当即提出异议，理由是点目漏算了自己曾提掉的一颗白子（已放入白棋棋盒），结果应该是自己赢半目。但金恩善并不认同鲁佳的说法，表示自己根本没注意到鲁佳放回一颗白子。双方围绕着一颗死子的问题争论了一个多小时。当裁判请两位棋手复盘来解决的时候，金恩善却一口回绝，她说："官子已经收完了，不能再复盘了。"面对这种局面，当值裁判长在与韩国棋院裁决委员会讨论后判定本局重赛。重赛结果，金恩善笑到了最后。

本来就已经输掉了，再下一局当然愿意。这种情况下重赛，对真正的赢家是不公平的。

为什么一颗死子会产生如此严重的纠纷？根本原因在于中韩围棋规则的不同。由于中国规则只数棋盘上的子和空，提掉的死子是无关胜负的，因此大部分中国棋手对提掉的死子往往都是随意一放，甚至随手扔进对方的棋盒。而韩国规则，是在终盘点目的时候，先把自己吃掉对方的死子填进对方空白里，然后再比较双方的最终目数，以裁定胜负。鲁佳由于不慎将一颗提掉的子"还给"了金恩善，等于是白白送给对手一目棋，以至于赢半目变成了输半目。她其实没有不慎，是因为按照中国习惯在下棋，没有想到最后棋盘外面的棋子还要说话。

正因为提掉的死子，在最后点目时都要派上用场，所以韩国和日本棋手在比赛时，都会很小心地在自己的棋盒里保留着提掉对手的死子。如果发生不小心提完子放错棋盒的事，韩国围棋规则对这种情况并没有明文规定的解决办法，通常裁判都会提出让双方复盘来解决，显然这是存在漏洞的。

如果出现争议，复盘应该成为一项强制规定。

在纷争出现以后，中韩双方对此反响不一。湖北队教练阮云生七段为自己的弟子"打抱不平"："韩国棋手太没有风度，这纯属耍赖，其做法玷污了围棋这项运动"。中国女队教练王磊八段也表示，如复盘重新点目，是鲁佳半目胜。如用中国规则也不会出现这种争议情况。

玷污的不是围棋，是韩国规则。但愿韩国规则会在这种不断的玷污中有所改变吧。

韩国朴正祥九段则发表了偏向于韩方的观点。他说："这分明是对方没有风度。中国棋手来韩国参加比赛也不是一次两次了，当然知道是用韩国规则，但他们总是什么也不想，只想按中国规则来数子定胜负"。

到一个地方有一个地方的规则，何谈世界围棋？没有风度的不是年轻棋手，而是抱守残缺的韩国规则。

发生这件事到底谁对谁错呢？有着30多年围棋比赛"执法"经验、担任过各种大赛裁判长的中国围棋协会资深裁判金同实认为，韩国规则里没有明确规定双方的死子应该放在哪里，因此鲁佳并无规则方面的过错，但韩国棋手有着看双方保留的死子来点目的习惯，如果死子的数量不对，会造成点目的困扰，所以金恩善也有自己的道理。

金同实表示："这件事归根结底还是规则的问题，现在中国规则、韩日规则、应氏规则并存，有着很多规则不统一的问题。而'死子放置'这类小问题也应该在规则中写明，这样就不会发生争议了。"

如果规则里面写满了棋盘之外的各种小问题，500年后的人们会笑话这个时代的。

2004年第9届三星杯预选赛第3轮比赛也曾发生韩国棋手类似"耍赖"的一幕，当时中国棋手黄奕中与韩国棋手金江根进行比赛，终盘点目黄奕中恰好赢半目，但对手不承认结果。原因也是由于黄奕中误把一颗提掉的棋子"还给"了对手。这盘棋的争议同样是黄奕中到底提了多少个子，如果双方复盘就会一目了然，但金江根拒绝复盘，并且拒绝了裁判重赛的判决，结果黄奕中因对手拒绝重赛而晋级。

陈规陋习不改变，以后还会出现这样的尴尬场面。

加藤英树说过，让 AI 习惯日本规则是非常困难的事情。但表面上看，绝艺却一直在用日韩规则下棋，包括在日本上演的人机大战，让人误以为绝艺解决了中国规则和日本规则的转换问题。中国规则和日韩规则的区别不仅仅在贴目数上。事实上，绝艺也好，骊龙也好，阿尔法狗也好，包括 deepzen，都一直是在按中国规则下棋，所谓的"中日规则转换"，只是设了一个贴目数而已，其他都没有改变。

如果摈弃规则的地域偏见，一切都应该回到棋盘上来。用棋盘上的 361 个位置交叉点说话。如果确定棋盘原则，规则的漏洞和陋习都会迎刃而解。

关于棋盘原则似乎用不着许多废话。棋盘原则应该是规则里面的一个原则，高于其他的规则，所有的问题按照棋盘解决，这才是正确的道理。

五、实战原则

实战大于规则。如果围棋比赛不是基于对局实战，而是规定某种棋阵是死棋，这没有道理的。试举一例说明这个问题，如图 2-1 所示。

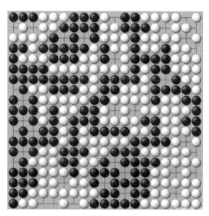

图 2-1

这是星阵围棋自对弈训练的一个棋谱。

如果就此终局，棋盘上所有的棋子都应该参与最后计算胜负的数子。包括●

111●121●131 三颗黑子和●104●105 两颗黑子，以及 112/132/295/291 四个公气。●五颗棋子不应该被清理掉，应该参与胜负计算，●○平分四口公气。

如果以实战解决，

○先动手：//1○295●104/2○105●112/3○132●121/4○111●112/5○NN●111/6○131●111/7○NN●121/8○112●111/9○121●111///○1 区角部棋阵被提掉；

●先动手：//1●112○132/2●121○111/3●112○295/4●104○111/5●NN○131///○1 区角部棋阵活棋。

也就是说，●先动手，○角部活棋；○先动手，○角部死棋；就此达成终局，棋盘上所有的子都应该保留，参与计算胜负。

出现这种情况是因为●棋 1 区角部 3 子可以走成盘角曲四的形状。对于盘角曲四，中国棋规是劫尽棋亡，棋亡不亡要看有没有劫。也就是要看能不能找到劫，对方应不应劫。具体情况要看实战。

如果是日本规则，这个棋型如何处理呢？围棋规则专家陈祖源指出："日本规则为了解决最后一劫要不要补的问题，即吴清源问题，创造了一条新规则：停局后再开始，劫子需虚手一次才能回提，如此就有了紧气劫要补缓棋气劫不需补。而其附带的结果是盘角曲四就死了，因为那是紧气劫，一虚手立即就提了，从而回避了补劫材损目。"具体如何其实没有讲清楚。

更大的疑问是："白棋含在口中的●104●105 两颗黑子到底是活棋还是死棋呢？"从棋型看，两颗黑子被白棋含在口中，当然是死棋，但是白棋却万般不敢提取它们，否则白棋唯一的劫材就消失了，白角就成了真正劫尽棋亡的死棋。

其实任何对局都是以棋盘为基准的实战对局。一切都应该回到棋盘上来，回到实战上来。让棋盘上的实战作出所有争议的最终裁决。

双方达成协议，视同双活；如有异议，实战解决。

这一局实战不能解决的，重赛是最好的提议。

"子空皆地，实战解决"是中国规则的灵魂和基石。"子空皆地"就是以棋盘为准。中国棋规简明、高效、少争议，日韩棋规有较大缺陷，这是不争的事实。"高桥万年劫""常昊小林光一争议局""王立诚柳时熏棋圣战争议局"的事例摆在那里。还有棋局结束，无法判定胜负的笑话，充分说明了日韩规则的缺陷和不完备。

在以上终局条件之外的棋规也是违背围棋道理的条文。

循环劫和劫循环都应该实战解决。在后面有相关事例。可以协商和棋，也可以重赛。

原则是规则的规则。实战应该成为一个原则，和棋盘原则一样的一种原则。也就是说，一切情况应该在棋盘上实战解决。所有留在棋盘上的棋子都应该参与最后的胜负计算。不能再有终局后清理死子的环节。

围棋是棋盘上的实战。围棋是棋盘上的围棋，是真实对战的围棋。任何关于围棋的条文都不应该脱离棋盘和实战。

实战是围棋的实践，规则是围棋的理论。当理论脱离实践的时候，修改的只能是理论，而不能用理论改变事实。

围棋规则的统一如果能够首先确定棋盘原则和实战原则，后继的分歧会大为减少。

第二节　围棋术语

围棋术语是围棋中的一些专用词语。围棋术语在围棋的发展中有积极作用，在新的形势下，旧的围棋术语面临着消亡。

一、传统术语概述

传统的围棋术语名目繁多，让人眼花缭乱。传统术语常用的有 30 多个，不完全归纳起来有 649 条之多。围棋术语绝大多数都是根据棋子与棋子之间相互位置关系取名字。这两个棋子与棋子之间的关系并不一定有内在的逻辑关系。如果全部记住围棋术语是有点难度的。大家不必全部记住这些术语，不是因为有难度，主要是没有必要。大部分围棋爱好者都是在下棋过程中记住了一些术语。并且，由于习惯而对术语进行传播及运用。对这些围棋术语进行文字表述也是有些困难的。比如解释"镇"："是一方的棋子行在另一方向中腹关起的位置"。这句话理解起来比较困难，又涉及对"关起"的解释。

为了有一个直观的印象，把百度围棋术语条目下，一段按照字数多少排列的围棋术语列表，给大家展示一下。

围棋术语列表：

飞 门 广 子 长 双 切 引 方 手 气 立 打 平 扑 卡 轧 札 目 行 吃
尖 冲 关 夹 曲 托 并 压 吊 杀 约 地 先 收 伸 扳 连 攻 补 劫 纽
形 节 投 步 位 拐 虎 征 顶 刺 拦 拆 味 松 空 狙 退 挺 挡 挖 贴
封 枷 点 挤 竖 拶 拱 持 厚 重 轻 举 侵 断 消 觑 悔 接 粘 盖 望
披 捺 弸 勒 兜 盘 崩 着 眼 提 镇 搭 渡 联 逼 嵌 握 筋 搪 跳 跨
碰 罩 滚 跷 置 斡 蜷 聚 撇 墙 靠 觑 毅 踔 薄

大飞 大龙 大关 大眼 大盘 大跳 小飞 小尖 小目 小盘 小侵 子力 上扳 下扳
下侵 飞压 飞攻 飞补 飞枷 飞封 飞镇 公活 公气 双活 双关 双打 双虎 双吃
双劫 双盘 内扳 内气 反夹 反打 反敲 反提 反吃 反征 反点 反扳 引征 开拆
开劫 开花 不入 长生 长考 长气 见合 见损 气合 气数 方向 手筋 手割 欠点
计算 中线 分先 分投 风铃 太极 打吃 打劫 打过 打将 打入 打挂 打谱 叫吃
切断 外扳 外势 外气 包吃 正征 正着 正应 扑劫 四劫 台象 半眼 半先 本手
巧着 巧手 失着 对弈 对杀 让子 先手 先二 先两 后手 死棋 收后 收气 共话
尖顶 尖封 尖冲 尖侵 回夹 回提 曲镇 托渡 托角 争劫 寻劫 场合 有趣 向背
次序 自灭 优势 劣势 行棋 过门 交换 延气 杀气 扳头 扳渡 扳断 连扳 连劫
还夹 还提 纽断 扭断 闷吃 攻击 攻逼 护断 补断 补劫 劫争 劫材 劫活 劫杀
找劫 应劫 抛劫 投劫 投子 投入 两劫 两分 两活 两持 局面 步调 弃子 坚实
低位 形崩 龟甲 妙手 妙着 妙棋 冷着 完胜 完败 伸气 围空 围地 单关 单劫
抱吃 征子 实地 实利 实空 实眼 孤棋 废子 废着 定型 定先 盲点 败线 败着
虎口 奇着 奇手 变着 试着 松着 松气 软着 细棋 受子 受先 拆棋 肩冲 肩侵
浅浸 浅消 转换 治孤 狙击 净杀 净吃 净活 终盘 终局 直胜 挺头 侵分 侵入
侵消 活棋 追杀 点眼 点空 点目 结构 厚壁 残子 顺序 选点 要点 急所 俗筋

俗手 重复 逆转 便宜 胜线 胜着 胜势 矩形 鬼手 持棋 饶子 复局 复盘 倒扑

透点 破眼 造劫 损劫 套劫 紧劫 紧气 浮子 浮石 浮棋 速度 配置 恋子 高位

钵形 秤砣 涩手 弱着 恶手 敌手 谈棋 悔棋 通型 真眼 虚夹 虚实 虚眼 盖帽

盘征 盆渡 盘面 象步 象眼 脱骨 脱壳 脱九 脱先 做眼 做活 做劫 粘劫 授子

弹性 断点 断眼 崩溃 崩形 眼形 眼位 庸着 假眼 常型 常先 猜先 续弈 棋形

棋筋 棋精 棒粘 帽子 提劫 提空 装劫 缓急 缓着 裂形 硬腿 强手 嵌子 欺着

骗着 骗棋 惜着 搜根 滚打 感觉 解剖 简明 愚形 新手 新型 暗目 填空 数空

数目 摆谱 腾挪 鼻顶 鸦立 疑问 漏着 瞎劫 趣向 撞气 凝形 整形 整眼 戴帽

一方地 一手劫 二段劫 三连扳 三段扳 三羽乌 大斜飞 大局观 大局感 大头鬼

小斜飞 万年劫 天下劫 天王山 无忧劫 无理棋 不入子 不计胜 不战胜 中盘胜

中局胜 中押胜 斗笠形 长生劫 双倒扑 本身劫 打劫活 打劫杀 生死劫 台象形

对子棋 让子棋 北斗七 关门吃 回纹征 回龙征 先手劫 先相先 后手劫 后手眼

后手死 后中先 多元劫 团子棋 扭羊头 找劫材 补劫材 两手劫 两手先 两后手

连环劫 求投场 投场求 胀牯牛 胀死牛 松气劫 金井劫 空三角 试应手 命令手

相思断 穿象眼 重锤劫 鬼头刀 胜负手 倒脱靴 紧气劫 紧对子 宽气劫 通盘劫

射子法 桃花五 接不归 做劫材 第一感 梅钵形 随手棋 猜子法 隔二关 装倒扑

缓气劫 循环劫 猴子脸 猴脸形 赖皮劫 摇槽劫 舞剑劫 疑问手

一石三鸟 二五侵分 三五侵分 三六侵分 三劫连环 三劫循环 中途半端 长期打挂

手割分析 双方先手 双方后手 打二还一 四劫连环 四劫循环 自由让子 形势判断

拆二单关 拆二斜飞 征子关系 金鸡独立 松气三角 粘劫收后 朝天拆二 滚打包收

缠绕战术 愚形三角 愚形之筋

二连星布局、十王走马势、十九路棋盘、十六路棋盘、入腹争正面、三连星布局

大眼杀小眼、小林流布局、千层宝阁势、双活不作地、分组循环制、手评十八局

手批十八局、互挂型布局、中国流布局、公活烂包皮、乌龟不出头、长气杀有眼

不完整曲四、不完整板六、四大景盘式、四大景盘字、四家世系谱、四连星布局

四角星布局、对角星布局、对角型布局、对面千里势、平行型布局、未完成定式

打单不打双、让子棋还子、耳赤之妙手、压强不压弱、有眼杀无眼、多局决胜制

全队循环制、吴清源时代、两三三布局、秀策流布局、秀荣流布局、重屏会棋图

总缔型布局、特殊型布局、起好手诸式、准先手官子、积分编排制、积分循环制斜行型布局、超一流棋手、程白水遗局、棋从断处打、棋从断处生、强迫抽签制

错小目布局、擂争十番棋、蟹眼式布局、

一三五型布局、一子解双征图、一子解双征势、二子之头必扳、三大难解定式、大雪崩型定式、应氏围棋规则、两打同情不打、弈乐园三十局、相对小目布局、高中国流布局、

昭和一三五布局、六子沿边活也输、左右同形适其中、台象生根点胜托、秀哉名人的小目、金角银边草肚皮、积分编排淘汰制、逢棋难处用小尖、象眼尖穿忌两行、提子开花三十目。

把这些术语搞明白就是一件令人望而却步的事情。

二、术语的消亡

术语是历史的产物，在特定的历史环境下产生并固化，也必将随着历史的发展而改变，甚至消亡。比如中日围棋的细微差别，就是历史和地域的见证。具体如黑先，明清以来中国围棋的习惯是白先，但从《忘忧清乐集》棋谱来看，唐宋围棋以黑先为主。日本围棋正是保存和延续了唐代的围棋习惯。再如"目"这个术语，现在大多知道中国数子，日本数目。其实追究起来，"目"也不是日本独创，而来源于唐代以前。汉桓谭《新论》中说到围棋时有"下者，则守边隅，趋作目"（也有作"罫"与目同义）；梁武帝《围棋赋》中有"方目无斜，直道不曲"。"纲举目张"的"目"就是一个方格的意思。现在还有习惯把数叫作数目，"数目字"。目即数，点目即点数。"目"和"道""路"一样都是古代的军事单位。"目"是最小一级军事单位。古代军队中所谓的"头目"即是"目"这个单位的头。围棋模仿战争，借用军事编制合乎情理。围棋自唐始盛行日本，所以唐痕明显。《敦煌棋经》中棋写作"棋"，而宋朝的《忘忧清乐集》中是"棊"，现代为"棋"。日本用"碁"也是唐痕。

名目繁多的围棋术语似乎就是用来吓唬不懂围棋的门外汉的。这些故弄玄虚的围棋术语阻碍了人们对围棋的兴趣，把围棋禁锢起来，限制了围棋的发展。

这些术语都是从局部引申而来。容易让人只见树木不见森林。这些术语背离围棋的本质，追求细枝末节。比如："尖""长""立""挡""并"等，都是由于所指向的某一个棋子，与所说的另外一个棋子有术语所说的特定关系。这两个棋子间不一定有逻辑关系。这一子和彼一子是这样的术语关系，和彼一子之外的其他子可能是另外一种术语关系。可见术语是不确定的。人们学习到术语的情景，大部分是通过围棋现场习得的。术语在围棋现场只是起到了一种声音的存在，避免"这里""这样"的无可名状的尴尬。

术语还是不准确的。比如对"点"的解释："狭义的点简单地解释为下一着棋可破坏对方眼位，广义的点范围很广，在对局中有如下几种形式：①如刚才所讲；②可以用来窥视对方的断点或薄弱环节，以达到借机促使对方棋形尽早固定，以免将来多变的作用；③在对方阵势中，作试探；④侵略对方的阵地，从深处入手，非常严厉；⑤点还有一种说法是指棋盘上的具体交叉点。如好点、要点等。"所以具体到"点"是什么情况，要看具体的语境。语境也不能搞清楚的，要看示意图。这样模糊不清的术语要它何用呢？学它何用呢？

围棋术语是由于人们面对围棋深奥复杂的局面发出声音的无奈之举。每个位置都是不可名状的，各个形状的棋阵更是不可描述的，为了表示棋局的进程，才创造了围棋术语。就像在深奥的密林里标记道路，这里有棵大树，直行，有棵更大的大树。现在有了卫星定位，在密林中以个人肉体视角的叙述可以不用关注了。通用围棋记谱方法就是围棋位置的卫星定位。

围棋术语对围棋的发展有积极作用，现在看来，对围棋研究有误导作用，让人只见树木不见森林，只见局部不见全局。所以 AI 对每一步进行胜率判断，对人有醍醐灌顶的作用。

有些围棋术语存在直接错误，在新形势下已经彻底地不适用了。

通观整个围棋术语，值得保存延续的寥寥无几。有些术语能够保存并延续也不是由于该术语本身的优良品质，而是需要加注新的内容赋予新的内涵。比如"劫""气"，作为术语名称可以流传下去，而对它们的定义需要赋予新的内容。另外，随着对围棋的研究，其背后的深刻内涵也会一步步揭示出来，被大家所认识。

在通用围棋记谱方法下，不可名状的围棋森林变成了标识清楚的城市街道。

城市是适合人们生活的地方，森林是适合自然法则的地方。有了清楚明了的标识，以前所有模糊混沌的表述自然可以终结了。通用围棋记谱方法是新的围棋语言，在新的语言环境下，必然产生新的术语，放弃老的术语。新的清晰明了的围棋环境，能够使人们更深入地探讨围棋。

有了通用围棋记谱方法，可以彻底摒弃这些围棋术语。

在新的前提下，旧的围棋术语将土崩瓦解。一小部分围棋术语会因为习惯延续下来，还有一些术语因为赋予新的内涵延续下来，也会有新的术语产生。新的术语已经开始孕育，旧的术语终究难逃消亡的命运。

第二章
棋局进程

第一节　棋局概述

围棋的棋局进程，是双方棋阵对抗的过程。如何排布己方的棋阵对抗对方的棋阵？如何壮大己方的棋阵？如何压缩对方的棋阵？通过棋阵的对抗，使得己方棋阵占据的位置多于对方棋阵占据的位置，是一局围棋对弈的最高目的。

根据棋盘盘面上落子的多少，棋局进程分为布局、中盘、收官三个阶段。布局是棋阵形成雏形，是开始十几手棋到二十几手棋。中盘是棋阵短兵相接，双方棋阵对抗的几十手棋到上百手棋。收官是最后确定棋阵边界的几十手棋。也就是说，布局、中盘、收官是棋局进程的开始阶段、中间阶段、收尾阶段。

第二节　布　局

布局是棋局的开始阶段。开始阶段几手棋对形成怎么样的棋阵，从而对后面的棋局进程有很大影响。通过长期的研究和实践，形成一些双方都比较满意的相对固定的进行方式，称为定式。定式一般局限于角部。

一、传统布局

古代围棋实行的是座子制，行棋前在四角的星位先摆上座子，黑白各两颗子，对角摆放，然后才开始行棋。古代行棋次序是白棋先着子。座子制的特点是一上来就扭杀在一起，没有布局的概念。

公元 16 世纪日本率先废除座子制。

当时日本围棋有四大门派，流传有序。也称四大世家：本因坊家、安井家、井上家和林家。四大围棋世家在棋盘上竞争激烈，胜败直接关系着个人前途和家门荣辱。围棋上的第一次争棋是 1623 年，二世本因坊与二世安井竟然大战九年。

取消座子制以后日本棋士认为小目守角比较有利，所以一般第一手都是下在 ●234 的位置，也形成了下在 ●243 不敬的说法。一般 ●234 后，白棋立刻挂角，走 ○253。之后从角部开始，纠缠在一起，激烈对抗。这时候也是没有布局的概念。

（一）原始布局

四世本因坊道策（1645~1702 年）首先提出了布局的概念。他认为：必须从全局的高度对待围棋的开局。必须对开局的每一手棋进行剖析，以判定子效的高低。在这个思想指引下，道策开创了许多开局阶段的新着法和新构想。日本围棋史称道策是现代围棋布局的奠基人。

道策开创了小目布局体系。经典的对角小目布局就是起源于道策。1●234 ○143/2●334○443。道策开创了围棋布局之后，对角小目布局在相当长的时间内占据主导地位。之后才有平行小目布局、其他小目布局。小目布局体系的完善经历了 300 多年。

（二）旧布局

打破道策原始布局的是桑原秀策。

桑原秀策，姓桑原，又姓安田，初名虎次郎。1829 年出生，1862 年患麻疹病疫，年仅 34 岁。桑原秀策对围棋最大的贡献是完善了"一三五布局"，确立了

"秀策流布局"。

"一三五布局"不知起于谁手。当时的日本棋手一致认为这是一种黑棋子效极高的布局。所谓"一三五布局"，就是白棋与黑棋抢角时，黑棋弃之不顾，抢占空角。1●234○143/2●443○253/3●334○453。"一三五布局"出现的初期，布局理论和实践尚不成熟。桑原秀策从理论上坚信，这样的行棋次序能够保持黑棋的先行效力，因此认为"执黑必胜"。这一观点在秀策的研究和实践中得到了充分的体现。他用此布局在当时的御城棋比赛中，创造了19连胜的空前纪录。前后13年间，战胜了御城棋赛的所有对手，深深折服了当时的棋界。也是因为秀策的实践，从此"一三五布局"变更为"秀策流布局"。

"秀策流布局"从全局角度认识黑白布局，对现代围棋理论产生了深远影响。"秀策流布局"是划时代的布局思想，是现代围棋布局理论的基石。

"秀策流布局"的下一手，第七手，4●245，小尖，这一尖被称为"秀策尖。"是"执黑必胜"思想的产物。秀策曾自豪地认为："今后不管围棋的技术进步到怎样的程度，如果棋盘还是19路的话，这个小尖的价值永存。"不过，当时的对局都是不贴目的。现在为了平衡黑棋的先行效力，使得对局更加公平，有了黑棋贴目的规定。所以，现在下"秀策尖"的已经很少见了。

"秀策流布局"很快取代了"原始布局"的主导地位。

棋手们对付"秀策流布局"的唯一办法就是不让黑棋走成"一三五布局"那样的大三角形式。在这样的背景下，出现了"平行小目布局"。"平行小目布局"是最早的白布局。

"秀策流布局"主导的布局被称为旧布局。

（三）新布局

打破旧布局的是现代星布局，被称为新布局。

新布局产生于1933年。它的基本理论是19岁的吴清源和24岁的木谷实共同创造的。1934年，吴清源和木谷实合著的《新布局法》发表，从而引发了围棋史上的一次重大革命。新布局的精髓是对"四线"的认识。新布局认识到："四线"比"三线"更灵活、更有发展空间，是推动全局进展的基础。旧布局过于重视实利，阻滞了全局的发展。因此，"四线"构筑的"势力线"比"三线"构筑的"实利线"在布局中更重要。

新布局强调高线路、高速度，注重势力和发展。新布局是在旧布局的肩膀上，看到了围棋更广阔的天地。旧布局也不甘心就此退出舞台中央。新布局的出现促进了旧布局平行小目布局的研究。旧布局的修订也迫使新布局不断完善。这时棋盘上"三连星""二连星""对角星""星小目"等星布局交相闪烁，对布局的研究一派繁荣。

新布局的理论和实践，使得"星布局"迅速发展并日臻完善，进而脱离了"新布局"的范畴，最终与"小目布局"和"中国流布局"一起，成为现代围棋布局的三大体系。

星布局一般分为：对角星布局、二连星布局、三连星布局、星·小目布局、其他星布局。"星·小目布局"之所以归类于星布局，是因为"星·小目布局"的理论和实践的局限，不能像"中国流布局"一样成为现代布局的单独门类。虽然"星·小目布局"是从新旧布局中产生的，新旧布局都认可的优秀布局。其他星布局指星与三三、高目、目外等组合的布局。

现代星布局比小目布局更流行，在棋盘上出现的频率更高。

（四）中国流

1965 年 7 月 18 日，在东京举行的中日围棋友谊赛第一场比赛中，以陈祖德为首的五名中国棋手，无论执黑执白都弈出了一种特殊的布局。第二天，日本新闻以"中国人的新武器"报道了这异乎寻常的现象。

1●244○344/2●443○144/3●439，黑棋前三手构成的特殊结构，便是中国人的新武器——"中国流布局"。

由于国内当时的情况，中国棋手不得不中断了对"中国流"这一新式布局的研究和实践。日本棋界却如获至宝，立即以极大的热情开始对这种布局的研究。

中国棋手的新式布局，首先在日本流行起来。中国棋手知道后，也在极其恶劣的围棋环境下，恢复和展开对这一布局的研究及实践。在此期间，中日棋手联合将这一新式布局命名为"中国流布局"。

随着对"中国流布局"的理论研究和对局实践的不断深入，人们惊奇地发现，"中国流布局"是一座宝藏。它不是一种一般的结构，而是一个科学的体系。

在围棋布局史上，"中国流布局"的创立，与日本"旧布局"和"新布局"的创立一样，具有同等重要的意义，是又一座划时代的里程碑。

高效高速推进棋局，在变化中达成势力和实地的均衡，这是"中国流布局"的思想核心。各类"星·小目布局"虽然也在势力和实利之间寻求折中与兼顾，也有所建树，但仍然缺少突破性创新，最终不能自成体系。"中国流布局"虽然脱胎于"星·小目布局"，却是全新的思想和结构，看到的是棋局未来进展新的对攻与防守策略，从而确立了自成体系的独特地位。

"中国流布局"是以陈祖德九段为首的中国棋手首创的，但对它进一步的研究和发掘，则是日本棋手的贡献。日本棋手发现了"高中国流布局"，3●439 走到高一线的位置，走到四线的位置，3●449。随着韩国围棋的崛起，20 世纪 90 年代末期，韩国棋手走出了"迷你中国流布局"。1●244○344/2●434○144/3●363○346/4●493，黑棋前四手，尤其是 2●434○144/3●363○346/4●493，三手，构成"迷你中国流布局"。这是非常富于变化的布局。

（五）其他布局

在围棋布局中，"小目布局""星布局""中国流布局"是三大主流布局，其他类型的布局出现的数量比较少见。

其他类型的布局虽然缺乏理论和实践的支持，但仍然是一种有趣的围棋现象。其他类型的布局也从另外一个角度反映出围棋的深奥与复杂。展现出围棋这样下可以，那样下也行。

天元布局，是指第一手占据天元的下法，1●000。在实战中偶有出现，基本上没有可以信服的理论研究。实战中这一子能否发挥出关键作用，大多要看棋局发展的运气。更多是一种气势。从实战效果来看，似乎仅仅是一种雄视天下的宣言。

三三布局，黑棋前一手或两手，都走在三三位置，比如 1●233○344/2●433○144。后继可以在 3、4 区局部，走出迷你中国流。实战中也偶有出现。

目外布局，是指目外与高目、三三等相互配合，或连走两手目外的布局。比如 1●235○333/2●153○243/3●435○264/4●239○134/5●283○146/6●184○443。

高目布局，是指高目与目外、三三等相互配合，或者连占两个高目的布局。高目比目外更容易形成势力，但是对实利的掌控更弱，各种变化更复杂。比如 1 ●245○434/2●345○134/3●243○343/4●364○163/5●352○325/6●334○338。

总之，原始布局的创立，结束了古代围棋单纯扭杀的棋法，首次提出了布局的概念。旧布局着眼于如何守地，注重三线。新布局注重势力，开展对四线的认识。新旧布局的争论旷日持久，谁也不能完全说服谁，谁也无法完全战胜谁。中国流布局是一种结构性布局，强调布局阶段的呼应。既不完全拘泥于角部，也不放手觊觎势力。变化灵活，使势力与实利更好的平衡。旧布局强调走小目，新布局强调走星位，中国流则重视星位与小目的结合。中国流对星位与小目的结合是超越了"星·小目布局"的，进而衍生出新的变形。

二、几种角部定式

定式是布局的重要支撑。定式主要指角部双方都能接受的进程变化。

第一手通常在角部落子，因为角部的子效要高于其他部分。棋谚：金角银边草肚皮。角部的定式按第一手棋区分，有以下五种：

44，俗称星定式；

33，俗称三三定式；

34/43，俗称小目定式；

35/53，俗称目外定式；

45/54，俗称高目定式。

定式是前人对角部接触中总结的均衡变化。故而次序和步骤的针对性很强，错误方将会受到损失。随着人类的研究发现，定式也在变化发展，一些旧定式被发现漏洞后就会弃之不用。一些新定式诞生了，记忆一二百个基本定式是下棋的必要功课，在此基础上，才能作出快速的分析判断，在实战中灵活运用定式。

（一）44

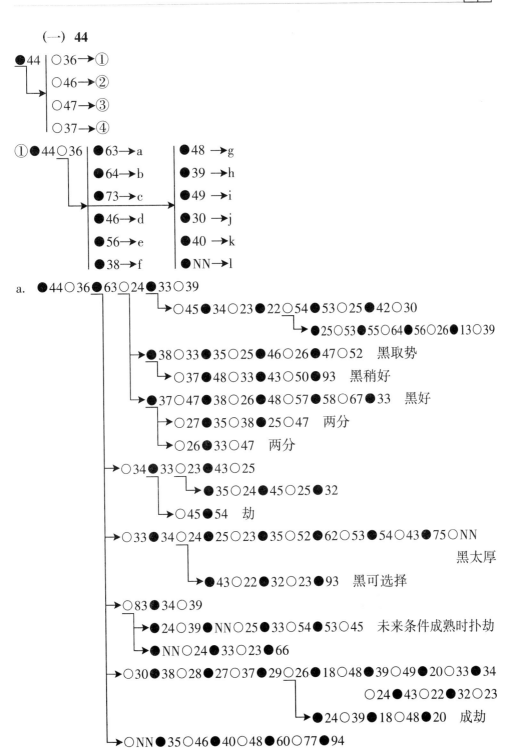

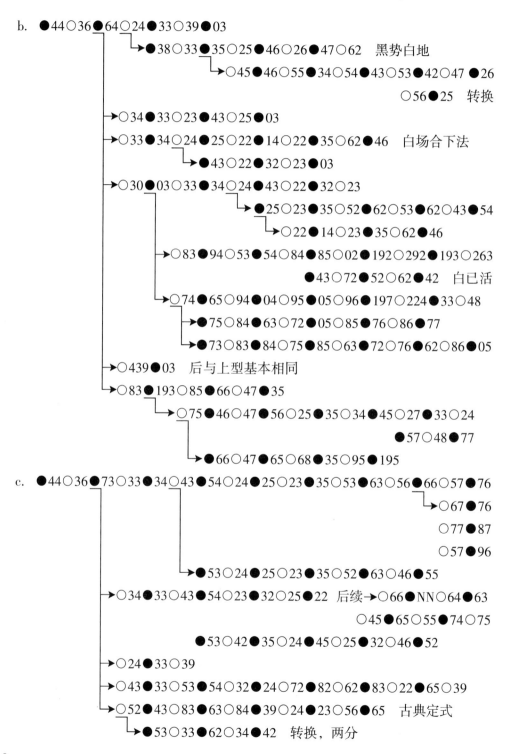

b. ●44○36●64○24●33○39●03
　　　　　　┗→●38○33●35○25●46○26●47○62　黑势白地
　　　　　　　　　　┗→○45●46○55●34○54●43○53●42○47 ●26
　　　　　　　　　　　　　　　　　　○56●25　转换
　　┣→○34●33○23●43○25●03
　　┣→○33●34○24●25○22●14○22●35○62●46　白场合下法
　　　　　　┗→●43○22●32○23●03
　　┣→○30●03○33●34○24●43○22●32○23
　　　　　　　　┗→●25○23●35○52●62○53●62○43●54
　　　　　　　　　　┗→●22○14●23○35●62○46
　　　　┣→○83●94○53●54○84●85○02●192○292●193○263
　　　　　　　　　　　　　　●43○72●52○62●42　白已活
　　　　┣→○74●65○94●04○95●05○96●197○224●33○48
　　　　┣→●75○84●63○72●05○85●76○86●77
　　　　┗→●73○83●84○75●85○63●72○76●62○86●05
　　┣→○439●03　后与上型基本相同
　　┗→○83●193○85●66○47●35
　　　　┣→○75●46○47●56○25●35○34●45○27●33○24
　　　　　　　　　　　　●57○48●77
　　　　┗→●66○47●65○68●35○95●195

c. ●44○36●73○33●34○43●54○24●25○23●35○53●63○56●66○57●76
　　　　　　　　　　　　　　　　　　　　　　　　┗→○67●76
　　　　　　　　　　　　　　　　　　　　　○77●87
　　　　　　　　　　　　　　　　　　　　　○57●96
　　　　　　┗→●53○24●25○23●35○52●63○46●55
　　┣→○34●33○43●54○23●32○25●22　后续→○66●NN○64●63
　　　　　　　　　　　　　　　　○45●65○55●74○75
　　　　　　　　　　　　●53○42●35○24●45○25●32○46●52
　　┣→○24●33○39
　　┣→○43●33○53●54○32●24○72●82○62●83○22●65○39
　　┗→○52●43○83●63○84●39○24●23○56●65　古典定式
　　　　┗→●53○33●62○34●42　转换，两分

d. ●44○36●46○47●56○35●34○30●93

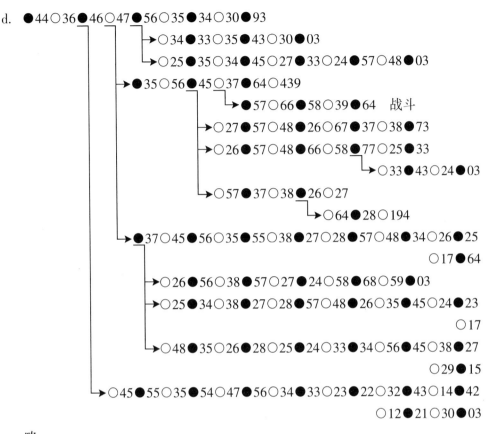

→○34●33○35●43○30●03
→○25●35○34●45○27●33○24●57○48●03
→●35○56●45○37●64○439
→●57○66●58○39●64　战斗
→○27●57○48●26○67●37○38●73
→○26●57○48●66○58●77○25●33
→○33●43○24●03
→○57●37○38●26○27
→○64●28○194
→●37○45●56○35●55○38●27○28●57○48●34○26●25
○17●64
→○26●56○38●57○27●24○58●68○59●03
→○25●34○38●27○28●57○48●26○35●45○24●23
○17
→○48●35○26●28○25●24○33●34○56●45○38●27
○29●15
→○45●55○35●54○47●56○34●33○23●22○32●43○14●42
○12●21○30●03

e. 略。

f. ●44○36●38○33●34○43●54○24●25○23●35○63

●43○34●45○26●57　在上边有子时，只此一手
→○34（大恶手）●33○43●54○23●32○25●22○56●58○76
●74　白不利
→○63●46○47●37○43●35○33　两分
→●64○33●34○43●53○52●54○73●62○42●83
白稍不利
→○64●46○47●37○45●56○55●35○34●26○25●36○33
→○56●64○49●39○40●48○58●30○449●38○257
→●59○39●57○68●46○67●47○28●66○50●55
○27　若征子有利，两分；白征子不利时，黑稍好
→○57●46○63●49○30
→○48●49○47●73○39●30○29●40○28●35○26

41

g.　●44○36●48○33●34○43●54○24●25○23●26○63●37

　　→○34●33○43●53○42●35○24●54○45●55○25●57○32

　　→○56●64○24●33○28

　　　　→●37○26●33○58●59○68●49

　　→○57●35○58●73

　　→○63●46　以下白难走出满意结果

h.　●44○36●39○33　还原一间夹

　　→○63　初学者少走为妙

i.　●44○36●49○33●34○43●54○24●25○23●35○63●46

　　→●43○34●45○35●46　上边有子时的下法

　　　　→○46●35○25●24○23●26○14●56○57●47

　　　　　　○37●27○38●48○29●66

　　→○63●46○47●56○33●35○43●57　黑稍好

　　　　→●35○54●23○57●37○69

　　→○56●64○24●33○29

　　→○58●63○48●35

j.　●44○36●30○33 还原成二间高夹点角黑挡34下法。

　　→○34●33○43●53○42●35○24●23○25●若征吃成立则黑好

　　　　　　→●54○52●25○23●46

　　　　　　黑稍好

　　→○43●33○53●54○63●34○56●64○83●74○93●86○49●40

　　　　○59●39○50

　　→○63●64○74●65○53●43○47●35○25●46○26●24○67●42

　　　　不可省

　　　　●76○93●52

　　→○64●46○47●56○35●54○23●63

　　　　→●65○75●55○33●34○43●54○53●76○74●67

k.　与 j 相似，不介绍。

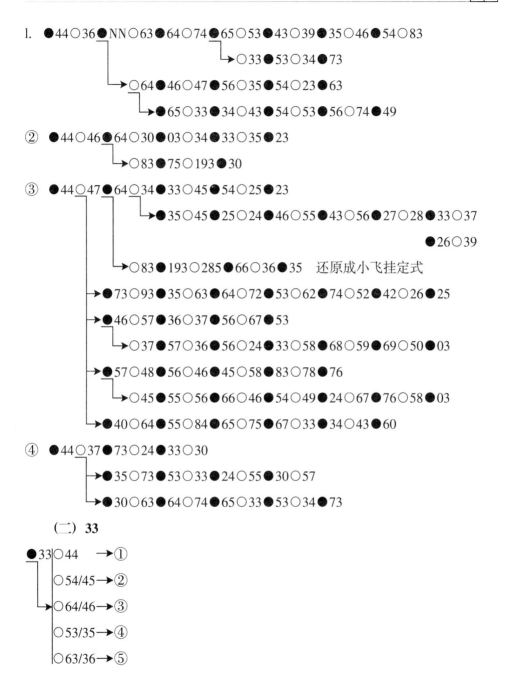

l.　●44○36●NN○63●64○74●65○53●43○39●35○46●54○83
　　　　　　　　　　　　　　　　→○33●53○34●73
　　　　→○64●46○47●56○35●54○23●63
　　　　　→●65○33●34○43●54○53●56○74●49

②　●44○46●64○30●03○34●33○35●23
　　　　　　→○83●75○193●30

③　●44○47●64○34●33○45●54○25●23
　　　　　　　　→●35○45●25○24●46○55●43○56●27○28●33○37
　　　　　　　　　　　　　　　　　　　　　●26○39
　　　　→○83●193○285●66○36●35　　还原成小飞挂定式
　　→●73○93●35○63●64○72●53○62●74○52●42○26●25
　　→●46○57●36○37●56○67●53
　　　　→○37●57○36●56○24●33○58●68○59●69○50●03
　　→●57○48●56○46●45○58●83○78●76
　　　　→○45●55○56●66○46●54○49●24○67●76○58●03
　　→●40○64●55○84●65○75●67○33●34○43●60

④　●44○37●73○24●33○30
　　　→●35○73●53○33●24○55●30○57
　　　→●30○63●64○74●65○33●53○34●73

　　（二）**33**

●33│○44　→①
　　　○54/45→②
　　→○64/46→③
　　　○53/35→④
　　│○63/36→⑤

43

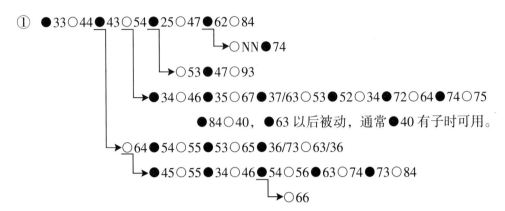

① ●33○44●43○54●25○47●62○84
　　　　　　　　　　　　　→○NN●74
　　　　　　→○53●47○93
　　　→●34○46●35○67●37/63○53●52○34●72○64●74○75
　　　　●84○40，●63以后被动，通常●40有子时可用。
　→○64●54○55●53○65●36/73○63/36
　　　→●45○55●34○46●54○56●63○74●73○84
　　　　　　→○66

② ●33○54●45○55●46○56●47○43●32○93

③ ●33○64●46○04/03●30　之后○53●43/66
　　　　　　　　→○43●44○53●32○66之后●47补
　　　→●83○44●34○46●35○76●37

④ ●33○53●73○45●54○44●43○64●52○55●62○85●25
　　→○54●35○43●32○56●47○93
　　　　→●45○03●55○74
　　→○64●45○03●39

⑤ ●33○63●45/46○93/04●39

（三）34/43

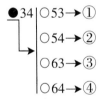

●34｜○53→①
　　　○54→②
　　　○63→③
　　　○64→④

① ●34○53｜●45→a　　●74→e　　●94→i
　　　　　●46→b　　●83→f　　●54→j
　　　　　●37→c　　●84→g　　●64→k
　　　　　●73→d　　●93→h

a. ●34○53●45○74●39○293后续●43○54●42有20目
　　　　　　→●93○284●195○76
　　　→○93●73○55●56○65●47○84●42○52

b.　●34○53●46○33●23○44●35○32●30
　　　　→○83●43○54●48　　白重复

c.　●34○53●37○46●36○33●23○44●35○32

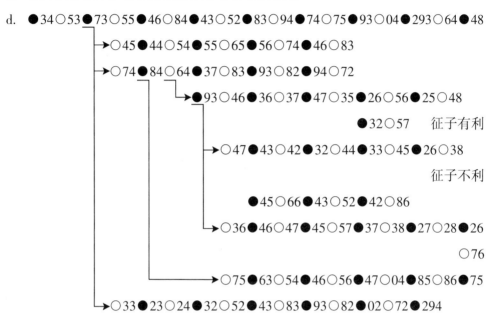

d.　●34○53●73○55●46○84●43○52●83○94●74○75●93○04●293○64●48
　　　→○45●44○54●55○65●56○74●46○83
　　　→○74●84○64●37○83●93○82●94○72
　　　　　　　→●93○46●36○37●47○35●26○56●25○48
　　　　　　　　　　　　　　　●32○57　　征子有利
　　　　　　　→○47●43○42●32●44○33●45●26○38
　　　　　　　　　　　　　　征子不利
　　　　　　　●45○66●43○52●42○86
　　　　　　→○36●46○47●45○57●37○38●27○28●26
　　　　　　　　　　　　　　　　○76
　　　　　→○75●63○54●46○56●47○04●85○86●75
　　　→○33●23○24●32○52●43○83●93○82●02○72●294
　　　　　○44●35○32●47○22●339

e.　●34○53●74○55●46○94●76○73●64○63●54○43●44
　　　　　　　　　　　　　　　　　→●33
　　　　→○48●56○65●67○75●43○52
　　　→○65●46○75●43○52●48○04
　　　　　→○65●23○44●35○32●30

f.　●34○53●83○56●37○293●75　急所

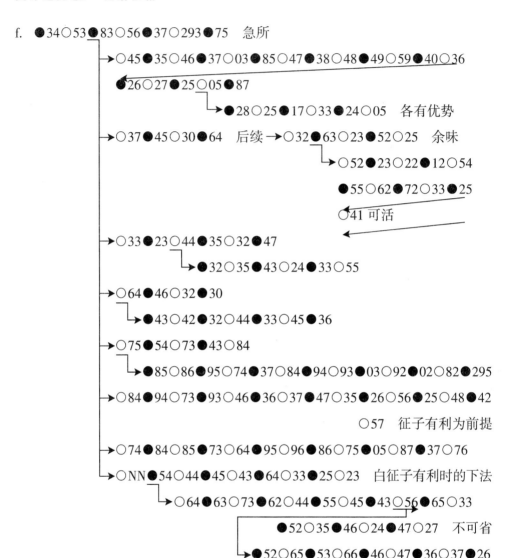

→○45●35○46●37○03●85○47●38○48●49○59●40○36

●26○27●25○05●87

→●28○25●17○33●24○05　各有优势

→○37●45○30●64　后续→○32●63○23●52○25　余味

→○52●23○22●12○54

●55○62●72○33●25

○41 可活

→○33●23○44●35○32●47

→●32○35●43○24●33○55

→○64●46○32●30

→●43○42●32○44●33○45●36

→○75●54○73●43○84

→●85○86●95○74●37○84●94○93●03○92●02○82●295

→○84●94○73●93○46●36○37●47○35●26○56●25○48●42

○57　征子有利为前提

→○74●84○85●73○64●95○96●86○75●05○87●37○76

→○NN●54○44●45○43●64○33●25○23　白征子有利时的下法

→○64●63○73●62○44●55○45●43○56●65○33

●52○35●46○24●47○27　不可省

→●52○65●53○66●46○47●36○37●26

g.　●34○53●84○33●23○44●32○35●43○24●33○55●52○63●72

→○44●35○33●23○32●47　　白安定

→○64●46○33●23○44●35○32●30

　　→○32●30　　之后 66 是要点

　　→○03●95

→○45●44○54●55○74●56○75●37○83　　之后角部官子极大

→○56●37○294●76○33●23○44●35○46●36○32●64○54

　　→●32○35●43○24●33○36

　　←●54○64●45○46●65○39

　　→●35○46●32○36●26○43

　　←●24○58●64○55

→●55○65●45○64●66○76●67○85●57○94

　　→●04○36●46○57

　　←●47○58●39○50

→○55●46○33●23○32●44○54●39

→○75●54○74●43○52●73○64●55○83●42○93

　　●46○74●30　　重视左边

　　●37○46●36○33●23○44●35○04

→○74●85○75●86○36●43○45●52○62●63○54●72○42

●61○33　　场合

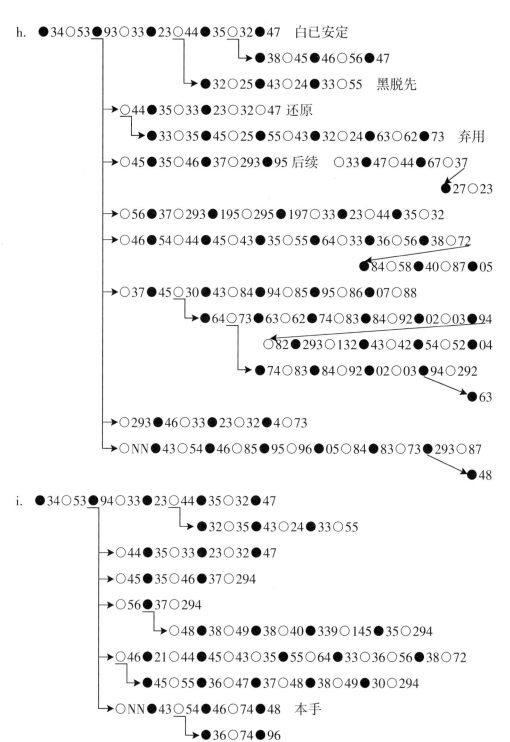

h.　●34○53●93○33●23○44●35○32●47　　白已安定
　　　　　　　　　　　↳●38○45●46○56●47
　　　　　↳●32○25●43○24●33○55　　黑脱先
　→○44●35○33●23○32○47　还原
　　　↳●33○35●45○25●55○43●32○24●63○62●73　　弃用
　→○45●35○46●37○293●95　后续　　○33●47○44●67○37
　　　　　　　　　　　　　　　　　　　　　●27○23
　→○56●37○293●195○295●197○33●23○44●35○32
　→○46●54○44●45○43●35○55●64○33●36○56●38○72
　　　　　　　　　　　　　●84○58●40○87●05
　→○37●45○30●43○84●94○85●95○86○07○88
　　　↳●64○73●63○62●74○83●84○92●02○03●94
　　　○82●293○132●43○42●54○52●04
　　　　　↳●74○83●84○92●02○03●94○292
　　　　　　　　　　　　　　　●63
　→○293●46○33●23○32●4○73
　→○NN●43○54●46○85●95○96●05○84●83○73●293○87
　　　　　　　　　　　　　　　　　　　●48

i.　●34○53●94○33●23○44●35○32●47
　　　　　　　↳●32○35●43○24●33○55
　→○44●35○33●23○32●47
　→○45●35○46●37○294
　→○56●37○294
　　　↳○48●38○49●38○40●339○145●35○294
　→○46●21○44●45○43○35●55○64●33○36○56●38○72
　　　↳●45○55●36○47●37○48●38○49○30○294
　→○NN●43○54●46○74●48　本手
　　　↳●36○74●96

j. ●34○53●54○64●55○43●33○93●30
　　　　　　　　　　　↳○65●65○83●36

k. ●34○53●64○54●55○65●63○45●56○44●46○35●36○25●75

　　　　　　　　　　　　　　　　　　　征子有利

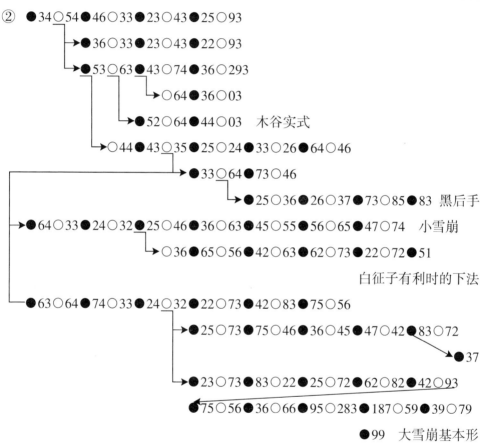

② ●34○54●46○33●23○43●25○93
　↳●36○33●23○43●22○93
　↳●53○63●43○74●36○293
　　　　　↳○64●36○03
　　　↳●52○64●44○03　木谷实式
　　↳○44●43○35●25○24●33○26●64○46
　　　　　　　↳●33○64●73○46
　　　　　　　　　↳●25○36●26○37●73○85●83　黑后手
　↳●64○33●24○32●25○46●36○63●45○55●56○65●47○74　小雪崩
　　　　　↳○36●65○56●42○63●62○73●22○72●51

　　　　　　　　　　白征子有利时的下法

　↳●63○64●74○33●24○32●22○73●42○83●75○56
　　　　↳●25○73●75○46●36○45●47○42●83○72
　　　　　　　　　　　　　　　　　　↳●37
　　　　↳●23○73●83○22●25○72●62○82●42○93
　　　↳●75○56●36○66●95○283●187○59●39○79

　　　　　●99　大雪崩基本形

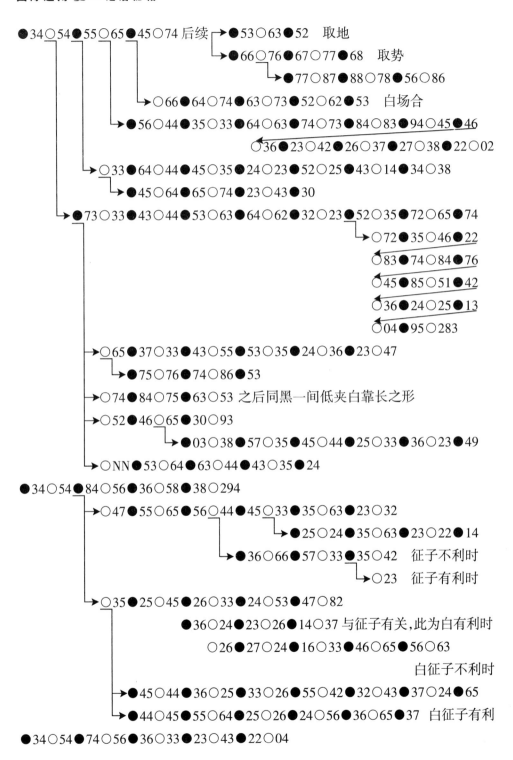

●34○54●55○65●45○74 后续 ━━▶ ●53○63●52　取地

　　　　　　　　　　　　━━▶ ●66○76●67○77●68　取势

　　　　　　　　　　　　　　　━━▶ ●77○87●88○78●56○86

　　　　　━━▶ ○66●64○74●63○73●52○62●53　白场合

　　　━━▶ ●56○44●35○33●64○63●74○73●84○83●94○45●46
　　　　　　　　　　　　　○36●23○42●26○37●27○38●22○02

　　━━▶ ○33●64●44●45○35●24○23●52○25●43○14●34○38
　　　　━━▶ ●45○64●65○74●23○43●30

　━━▶ ●73○33●43○44●53○63●64○62●32○23●52○35●72○65●74

　　　　　　　　　　　　　　　━━▶ ○72●35○46●22
　　　　　　　　　　　　　　　○83●74○84●76
　　　　　　　　　　　　　　　○45●85○51●42
　　　　　　　　　　　　　　　○36●24○25●13
　　　　　　　　　　　　　　　○04●95○283

　　━━▶ ○65●37○33●43○55●53○35●24○36●23○47
　　　　━━▶ ●75○76●74○86●53

　　━━▶ ○74●84○75●63○53　之后同黑一间低夹白靠长之形

　　━━▶ ○52●46○65●30○93
　　　　━━▶ ●03○38●57○35●45○44●25○33●36○23●49

　　━━▶ ○NN●53○64●63○44●43○35●24

●34○54●84○56●36○58●38○294

　━━▶ ○47●55○65●56○44●45○33●35○63●23○32
　　　　　　　　　━━▶ ●25○24●35○63●23○22●14
　　　　　━━▶ ●36○66●57○33●35○42　征子不利时
　　　　　　　　━━▶ ○23　征子有利时

　━━▶ ○35●25○45●26○33●24○53●47○82
　　　　　●36○24●23○26●14○37　与征子有关,此为白有利时
　　　　　○26●27○24●16○33●46○65●56○63

　　　　　　　　　　白征子不利时
　　━━▶ ●45○44●36○25●33○26●55○42●32○43●37○24●65
　　━━▶ ●44○45●55○64●25○26●24○56●36○65●37　白征子有利

●34○54●74○56●36○33●23○43●22○04

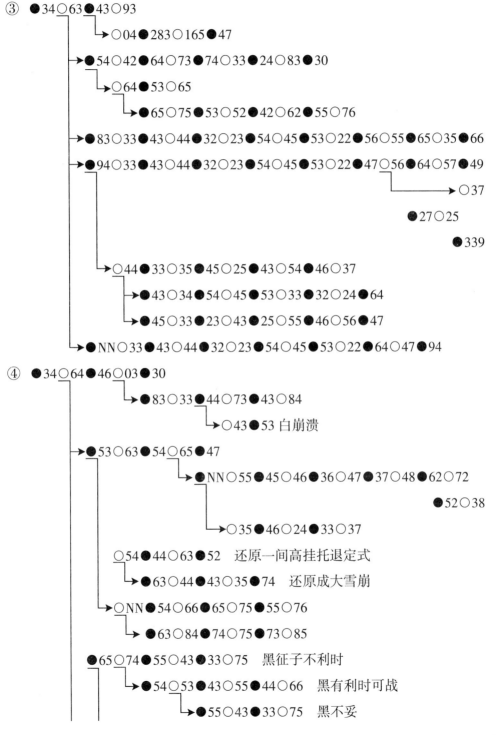

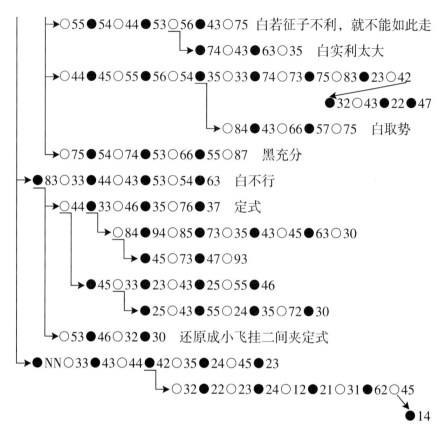

→○55●54○44●53○56●43○75　白若征子不利，就不能如此走

　　　　　　　　　→●74○43●63○35　白实利太大

→○44●45○55●56○54●35○33●74○73●75○83●23○42

　　　　　　　　　　　　　　　　　　　　●32○43●22○47

　　　　　　　　　→○84●43○66●57○75　白取势

→○75●54○74●53○66●55○87　黑充分

→●83○33●44○43●53○54●63　白不行

→○44●33○46●35○76●37　定式

　　　　　　→○84●94○85●73○35●43○45●63○30

　　　　　　　　→●45○73●47○93

　　　　　→●45○33●23○43●25○55●46

　　　　　　　→●25○43●55○24●35○72●30

→○53●46○32●30　还原成小飞挂二间夹定式

→●NN○33●43○44●42○35●24○45●23

　　　　　　→○32●22○23●24○12●21○31●62○45

　　　　　　　　　　　　　　　　　　●14

（四）35/53

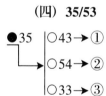

●35　|○43→①

　　　→○54→②

　　　|○33→③

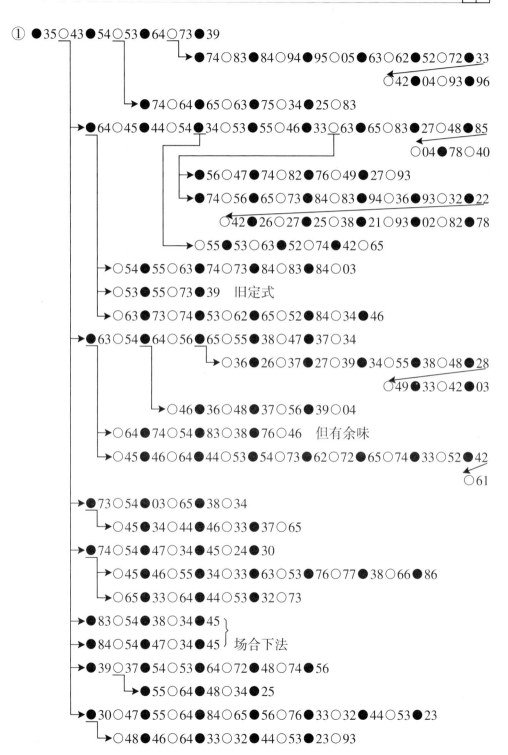

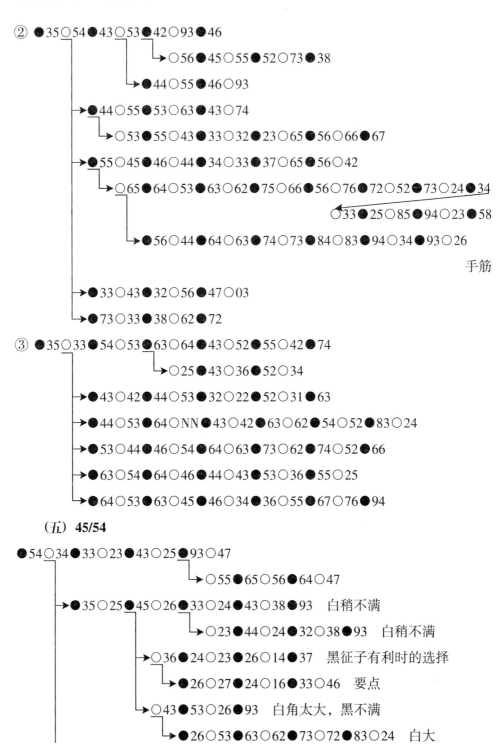

② ●35○54●43○53●42○93●46
　　　　　　→○56●45○55●52○73●38
　　　　→●44○55●46○93
→●44○55●53○63●43○74
　　→○53●55○43●33○32●23○65●56○66●67
→●55○45●46○44●34○33●37○65●56○42
　　→○65●64○53●63○62●75○66●56○76●72○52●73○24●34
　　　　　　　　　　　　　　←○33●25○85●94○23●58
　　→●56○44●64○63●74○73●84○83●94○34●93○26
　　　　　　　　　　　　　　　　　手筋
→●33○43●32○56●47○03
→●73○33●38○62●72

③ ●35○33●54○53●63○64●43○52●55○42●74
　　　　→○25●43○36●52○34
→●43○42●44○53●32○22●52○31●63
→●44○53●64○NN●43○42●63○62●54○52●83○24
→●53○44●46○54●64○63●73○62●74○52●66
→●63○54●64○46●44○43●53○36●55○25
→●64○53●63○45●46○34●36○55●67○76●94

（五）45/54

●54○34●33○23●43○25●93○47
　　　　　→○55●65○56●64○47
→●35○25●45○26●33○24●43○38●93　白稍不满
　　　　→○23●44○24●32○38●93　白稍不满
→○36●24○23●26○14●37　黑征子有利时的选择
　　→●26○27●24○16●33○46　要点
→○43●53○26●93　白角太大，黑不满
　　→●26○53●63○62●73○72●83○24　白大

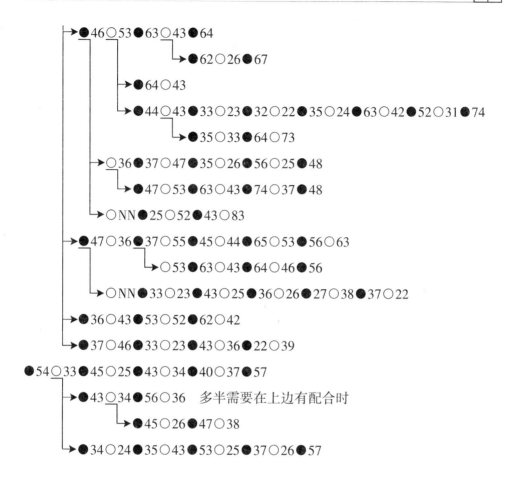

三、布局新倾向

围棋布局一直在试图创新。

比如李昌镐讨论的"韩国流新布局"：1●244○344/2●363，常规下法应该
是●走4区或1区星位或小目或目外，现在直接在3区挂角，成为一种流行下法。

黑棋这一下法具有积极意义，目的是先看看○在3区角部的应手，再决定下
一手棋的投向。这个设想被称为"韩国流新布局"。

围绕2●363的变化，进行一下详细的分析推演。

常规●363应该是第三回合，不应该第二回合。常规下法是：1●244○344/2
●444○144/3●363○336/4●304；或者1●244○344/2●434○144/3●363○336/4

●493，形成迷你中国流；或者1●244○344/2●443○144/3●363○336/4●404，形成小林流。都是不错的选择，●掌握布局主导权。

可是，1●244○344/2●444○144/3●363后，如果○夹攻，●按定式进角，比如3●363○383/4●333○343/5●334○345/6●342○352/7●332○353/8●336○493。黑棋当初的构想荡然无存，白棋反而掌握布局主导权。

1●244○344/2●363，2●363目的是提前抑制○的反击，推演1：1●244○344/2●363○383/3●444○364/4●144○353/5●104。○围攻●363时，●迅速抢占444/144/104大场，●布局成功，○布局失败。

推演2：1●244○344/2●363○383/3●444○364/4●354○355/5●353○374/6●343○334/7●333○324/8●323○366/9●134。○依然失败。

推演3：1●244○344/2●363○383/3●444○336/4●144。○仍然不满意。

所以2●363后，只要○夹攻，●立刻转身，3●444。所以3○144是○正确的选择。如果2○346，则3●144，3○444，○可下，●更主动。

正常进行：1●244○344/2●363○336/3●444○144/4●104。贯彻了●的思路，○也是可以接受的局面。

○积极的下法是对●363弃之不顾：1●244○344/2●363○444/3●336○355/4●333○144。是○有利的局面。

2016年，阿尔法狗（AlphaGo）高调亮相，以实战效果震动棋坛。大家蓦然惊见AI已经在棋坛自称一派。

AI没有新的理论宣言，但AI以对人类棋手几乎不败的战绩让人刮目相看。AI的布局似乎也没有完全遵照人类棋手的习惯。AI的棋谱让人不能不费心研究一番，揣摩AI是怎么想的？因为什么导致了AI的胜局？

以阿尔法狗（AlphaGo）为例，在马斯特（"Master"（大师））的最初几局似乎还是比较规矩地按照人类布局习惯，随着马斯特棋力的提高，它越来越脱离人类的窠臼，走出AI的新落点。AI在自我左右互搏的深度学习过程中，看到了人类没有看到的围棋奥秘。

阿尔法狗（AlphaGo）走出了变形中国流，也有人称之为"新中国流布局"。"新中国流布局"成为少儿培训班的秘密武器。按照对付中国流的手段就会入坑。

中国流布局的黑棋第三手位于●439，AI 走出的变形中国流黑棋第三手位于●438，黑棋第三手更靠近●443 一路。这就是变形中国流和标准中国流的区别。对于中国流布局，很多人喜欢点三三，破掉中国流的优势。"新中国流布局"是专门针对 2 区○点三三。这个布局的意图是，如果○233，●趁势形成外势，与●438 形成有效的呼应配合。如果○236 挂角，●马上攻击之，在 2 区 4 区之间形成外势，与●443 形成配合，围定 4 区角部。如果○263 挂角，●246，满意。这种局面下，下一手●404 或者●394，在 4 区下边形成巨大潜力。

阿尔法狗（AlphaGo）还走出了新的迷你中国流，将迷你中国流中的●493变成●483，思想套路和"新中国流布局"的思想套路是一样的。诱使对手来打入，趁机形成外势。据说最早使用该手段的是刘星七段，但阿尔法狗（AlphaGo）让更多人关注到这个布局手段。

布局的思想是为了棋局的胜利，目前人们认为的胜利是比对方多围一子，多围半子。1978 年，棋坛怪杰藤泽秀行说："我深为现在的胜负偏离了其本质而痛心，如将一盘棋比作双方争 100 元，几乎所有的人都认为能拿到 51 元就可以了。但我却认为应该拿到其全部，这才是真正的胜利。本来能杀的棋不杀，即使获胜了，也称不上是真正的胜利！"也就是说，能够拿到 100 元才是真正的胜利，甚至可以说，拿到 99 元都不是完美的胜利。因此目前也有一种"全局杀"的理论。"全局杀"的理论如果成立，或许就要回到古代座子制时代。纵使回不到座子制的形式，也是回到座子制的思想，从开始杀到终局，根本不考虑什么布局。或许有一天布局也有被放弃的时候。

第三节　中　盘

一、攻击与防守

(一) 关于攻击

在中盘战斗中，针对对方棋阵弱点，通过分断、靠压、拆逼等手段，向对方棋阵展开攻击。攻击的根本目的是比对方围到更多的实地，占据更多的位置。攻击中取得的外势能够转换成最终的实地才能赢得棋局。取势也是取地的手段，而不是最终目的。中盘战斗的上半阶段，要分析判断外势与实地的大小，当外势有可能获得更大的实地时，取外势；否则，取实地。

(二) 攻击一般方法示例

1. 第一例，抓住时机

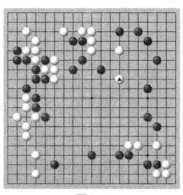

图 3-1

攻击时机的把握至关重要，如图 3-1 所示。〇278 准备攻击 ●184、194、187、196、297 五子。●如果仅仅是逃出，则 ●败局已定。●必须对〇的攻击展开反攻。因为〇278、274 靠近 2 区 ●的棋阵，也存在弱点。以下 ●285 是唯一选择。实战：

　　○278●285○276●284○289●209○279●353 先手利用，○343●183 威胁
分断○棋，○182●172○162●486 从下边扩张，同时觑视 2 区○棋。○248●
238○247●237○240●259○250●230○258●239○499●399。○虽然做出了眼
型，但是●巩固了 2 区 3 线和 3 区、4 区 4 线，1 区受到威胁的 5 子也畅快联络。
●在全局取得优势，●攻击成功。

　　再看一下变化：

　　○278●285○284●276○286●287○295●277 分断○278

　　　　　↳ ○286●287○277●296○276●284 分断○棋

　　2. 第二例，序盘攻击

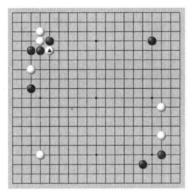

图 3-2

　　棋盘上的对杀一般在中盘出现，随着对围棋的了解，对杀越来越激烈，现在
也有很多对局在序盘就开始了激烈的对杀。如图 3-2 所示。○155●153○152●
162○142●173○134 白棋活角，白棋外面两子处于关键位置，黑棋难办。

　　实战●164 是正解，○156●123○122●125 巧妙○133●127○185●152
○124●142○132●183。

　　如果●125 改为●124○142●127○173 黑棋没有实战牢固。

　　如果●127 改为●162 试图杀白棋角部，○126●125○157●112○121 黑棋
不行。

3. 第三例，分断攻击

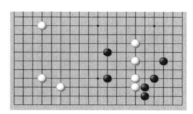

图 3-3

●494、●497 联络上存在弱点，○可以分断攻击。

如果○不是对●两子分断攻击，而是想在中腹封压，则不会成功。推演如下：

○499●477○467●475○465●489，○反而受攻。

正确攻击方法是对●两子分断攻击，推演如下：

○495●405○406●496○485●395○396●385○386●375○376●365○366●355，○确立优势。

○495，如果●485○405●477○486，○在下边成大空。

4. 第四例，封锁攻击

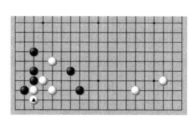

图 3-4

○332 坏棋，●应该立刻抓住机会，封锁○。

●355○345●346○347●336○365●366○354●357○374●385○384●394○393，

●355 提劫，○364●303○392●304○382，●厚势，成功封锁○。

如果●不是 355 提劫，而是●373 打吃，那么○364●303○392●302○395●304○376，●崩溃，封锁失败。

○332 的正解是：○346●332○336●326○343●325○358，形成两分局面。

5. 第五例，搜根攻击

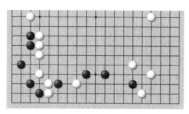

图 3-5

通过搜根，攻击对方根据地。

如果●393，则●基本上安定活棋。

○393●303○384●395○483●484○402，●无根，○可借攻击围右边空。

　　　●496○485●495○477，○围住右边空。

○384●393○385●306，●安定，○右边薄弱。

6. 第六例，缠绕攻击

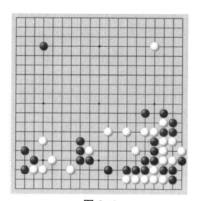

图 3-6

●左下不牢固，○中央与左下均薄，●应当抓住机会，对○缠绕攻击。

●355○365●356○366●357○367●358○368●388○397●387○359●369○345●337○338●347○327●336○344●379○349●326○382●392○322●312○321●328○329●317○485●484○137●468○467●488，●攻击成功，○中腹难办。

●355○345●344○364●356○357●366○347●332○342●322○382●392

○362●378，○左右难以两全。

　　●479○489●480○499，●直接攻击中央○棋，方向错误，后继●没有好的攻击手段。

　　7. 第七例，靠压攻击

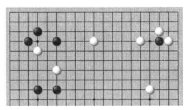

图 3-7

　　●195○187●105○294●295○284●178○177●198，○难以逃脱。

　　　┗→○179●160○199●294，●上边成大空。

　　●188○187●197○186●198○184，●方向错误，○联络，●没有收获。

　　8. 第八例，拆逼攻击

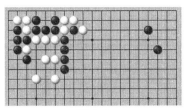

图 3-8

　　●293○195●295○197●178○169●179，●两边走到。

　　　┗→○204●207○294●273，●获实地，○自然受攻。

　　●206○283，○上边已经安定，●实利受损。

　　9. 第九例，声东击西攻击

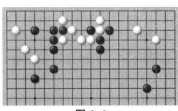

图 3-9

●243○244●263○202●252○254●242，夺○右上根据。

　　○252●202○282●272○196，夺○上边根据。

●282○202●275，●一无所获，且落后手。

　　攻击要达到两种目的，一种是通过攻击成空，另一种是通过攻击成势。如果这两种目的都没有达到，就是攻击失败。

（三）攻击成空示例

1. 第一例

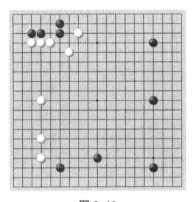

图 3–10

　　○445，那么：●435○436●434○466●464，●得到 4 区角部和 4 区下边，成空巨大，○一无所得，尚未安定。○不合算。

　　如果：●435○444●434○453●446○433●442○423●452○463●456○465●424○436●426○437●422，●得到 4 区角部，并且将○分成两块棋阵，●404 和●440 充分发挥作用。

　　针对○445，如果●464○433●432○434●422○438，●落空，○在 4 区生根。

2. 第二例

　　●336，之后○应该对●猛烈进攻，充分发挥○303○305○138 三子的作用。

　　○325●326○335●346○364●339○463。○463 先手打入 4 区●空，并且得到了 3 区的角部。

　　如果○拘泥于定式，○364●324○333●339，使得●轻易在 3 区落地生根，

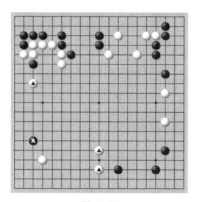

图 3-11

○138 的威力落空。

3. 第三例

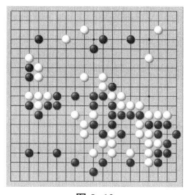

图 3-12

●在 3 区有大模样，容易成大空，但是如果●在 338 补棋，○得先手就会侵消●空，针对 34 区下部○没有安定的弱点，●可以攻击成空。

●473○406●497○367●357○365●355○366●356○374●373○384●329，●攻击成空，抢到●329，保留渡回左上两子的手段，●优势。

错误一，●338○367●357○356●346○354●353○374●373○365●363，○压缩●空，抢先补强，●消极，失去主动。

错误二，●367○473●338○432●422，●角空虚，○有○333、○363 等手段。

4. 第四例

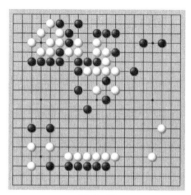

图 3-13

针对 1、2 区中部○棋阵，怎样攻击效果才好呢？

●269○280●230，简明攻击围空，全局领先。

●479○268●459○258，●不能杀○，实空受损。

5. 第五例

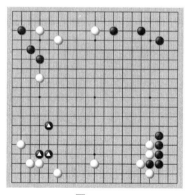

图 3-14

○要对●344●354●357 三子展开进攻，如何下手才最好呢？○359 肯定是不理想的。

　　○346●356○365●364○347●375○358●368○359●369○360●370○137，○左边成空，攻击效果明显。

6. 第六例

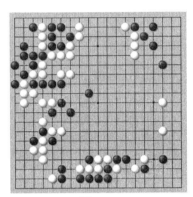

图 3-15

○399 ●389 ○398 ●208 ○207 ●298 ○297 ●271 ○281 ●261 ○283 ●377 ○486 ●238 ○190 ●180 ○178 ●179 ○188 ●189 ○290 ●278 ○287 ●288 ○270 ●229 ○220 ●267 ○269，○最大限度围住上边空，中腹有模样，攻击成功，全局优势。

(四) 攻击成势示例

1. 第一例

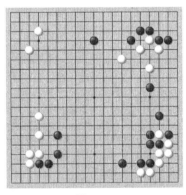

图 3-16

●278 ○239 ●230 ○238 ●250 ○225 ●279，●中腹势力强大。

↳ ○296 ●285 ○286 ●298 ○196 ●279，●模样依然宏大。

2. 第二例

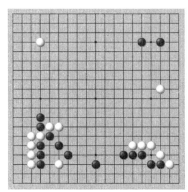

图 3-17

○350●340○149●359○369●360○159●368○379●378○389●377，○弃
子成势。

○369●149○169●147，○攻击失败。

3. 第三例

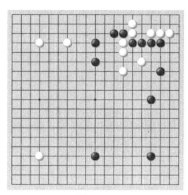

图 3-18

●270○297●000○207●186○197●184，●两边走到，右下模样宏大，优
势明显。

●208○270，●攻击方向错误，失败。

4. 第四例

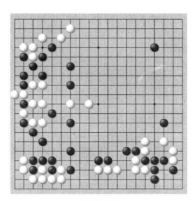

图 3-19

●447○446●467○428●429○427●439○416，●角已活，可于●104 成大模样。之后○412●422○413●414，双活。

5. 第五例

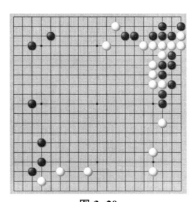

图 3-20

○449●428○427●439○448●418，○外围厚实，右下可成大模样。

○450●449○468●459○469●447○437●446○436●467，○右下势力被打散，形薄。●175 后，●260 严厉。

既不成空，也不成势，就是攻击失败。更可怕的是，攻击中反而产生薄弱环节，被对方反攻。

（五）关于防守

防守三原则：首先要立于不败之地，其次要保持克制和必要的忍让，最后要抓住时机反击。

1. 原则一，立于不败之地

（1）第一例。

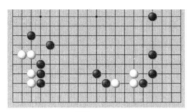

图 3—21

○495●405○496●406○497，●难以攻○，○留有○433、○448、○428
等打入手段。

●494○484●485○455●445○486，●失败。

○484●496○476●488，○重，大损。

（2）第二例。

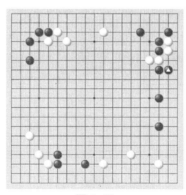

图 3—22

●227 欲断○，

○243●233○254●263○264●242○274●258○362●372○352，全局○好。

●244○254●242○264，大同小异，○好。

〇226●255，〇无应手，必受到猛攻。

（3）第三例。

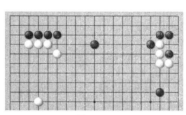

图 3-23

如何处理右上 2 区〇四子，是目前的课题。

〇254●243〇256●263〇276，生动有力。

↳ ●245〇243●242〇253●255〇252●231〇224●222〇265●256〇228，

●无理。

〇256●264，〇平凡，自身未安定。

（4）第四例。

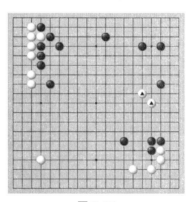

图 3-24

如何处理好〇两子。

〇289●474〇473●484〇257●246〇286，〇眼形丰富，●大模样被压缩。

↳ ●209〇489●409〇487，攻守逆转。

〇279●299〇479●499，〇受攻。

（5）第五例。

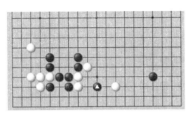

图 3-25

○对●403 的打入如何防守？

○402●463○404，○安定。

┗➤ ●392○382●393○493●404，●不便宜。

○404●382，○无眼位。

（6）第六例。

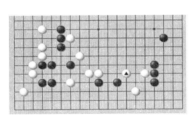

图 3-26

●两子受到○475 的攻击，如何摆脱困境？

●496○476●495○407●497○408●488，●出头。

┗➤ ○495●485○486●476○487●474○465●464○454●453，○破碎。

●495○496●485○486●493，●被封锁，○借用多。

（7）第七例。

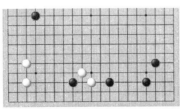

图 3-27

○394 攻击●383，●如何防守脱困？

●343○344●353○332●354○355●365○356●366○357●385，●确立根据。

●375○363●384○396●377○398，●失败。

●384○396●385○395●377○398，●失败。

2. 原则二，必要的忍让

（1）第一例。

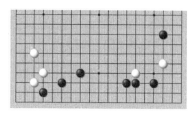

图 3-28

○两子周边●较强，○必须忍让求取根据。未标注均是 4 区。

○433●432○444●453○423●422○446，○安定。

　　　　●23○53●34○42●33○62●45○54●46○93，○安定且破，

●空。

　　●44○34●45○36，○实利大。

（2）第二例。

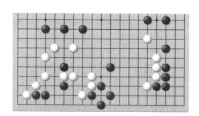

图 3-29

○弱●强，○怎么办？未标注全是 4 区。

○65●47○57●63○77，○不易受攻。

○38●47○57●36○48●65○56，○缺乏眼位。

○NN●47○57●65，○无应手。

（3）第三例。

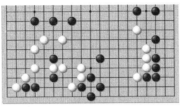

图3-30

●两子在○厚势中，如何防守？区位是4，省略。

●83○03●72○92●75，●安定。

　┗→○92●85，●富有弹性。

●64○84，●失败。

（4）第四例。

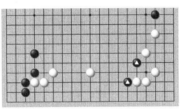

图3-31

○353处于●势力范围，如何处理？均是3区。

○33●23○22●32○43●12○74●21○83，○生根。

　┃　　　　　　　　　　　┗→●83○24●21○35●44○45●54○55●64
　┃　　　　　　　　　　←○65●63○73●62○72●52○85，○弃子取
　┃　　　　　　　　　　　势，大获成功。

　┗→○44●32○35●43○24●33○45●54○55●64，○失败。

（5）第五例。

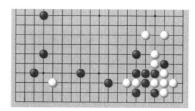

图 3-32

○342、353 如何处理?

○393●303○394●395○385●396○374，○活。

    → ●373○303●494○472，○联络。

○374●383○373●382，○死。

（6）第六例。

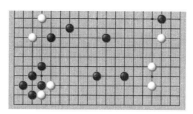

图 3-33

●两子怎么处理?

●493○403●402○392●482○401●492○393●453，●弃子成活。

    → ○494●403，●安定。

●394○303●395○304●396○377●306○368●357○496●497○486，●
失败。

（7）第七例。

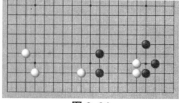

图 3-34

○454/453 如何防守？均是 4 区。

○76●97○56●47○78，○安定。

　　→●65○84●94○44●33○66，●无应手。

○56●57○45●35○47●36○67●58○76●87，○不安。

（8）第八例。

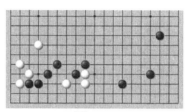

图 3-35

对●395 的攻击，○不能掉以轻心。

○483●484○493●474○405●406○495，○充分。

○405●406○495●493，○无根据。

3. 原则三，抓住反击的时机

（1）第一例。

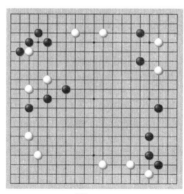

图 3-36

●179 欲攻击○三子，●本身也很薄，○如何抓住时机反击？

○360●169○349●340○330●338○348●347○369，○反击成功。

○178●188○177●187○175●186○176，●生动，○被动。

○349●340○330●348○329●359○328，●外势，○委屈。

（2）第二例。

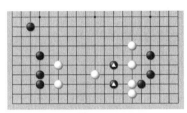

图 3-37

●两子不能一味逃跑，应该防守反击。

●403○393●494○402●493○454●455○464●394○383●405○443●433
                                     ○442●434，●满意。

     ↳ ○494●484○493●492○402●482○393●464，○破碎。

●487○493●482○469，●贻误战机。

（3）第三例。

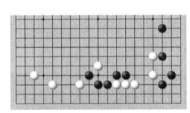

图 3-38

○446 欲攻击●，●应该以攻为守马上反击。均在 4 区。

●56○45●64○43●47○32●22○42●57○82，●主动。
↳○47●45○55●35○65●57○76●86，○无力攻击●。

●95○06●87○37，●代价大。

（4）第四例。

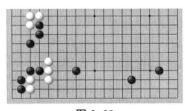

图 3-39

●322 夺取○根据，○如何以攻为守？均在 3 区。

○25●24○36●46○27●45○75，○反攻成功。

→●35○26●27○36●46○24●45○21●12○31●43○42●52○62●16

○56●47○51●14，○厚。

○82，贻误战机。

（5）第五例。

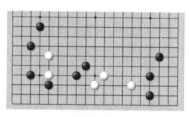

图 3-40

●353 的攻击，○如何应对？均在 3 区。

○74●63○73●64○65●75○76●85○83●44○87，○攻击●。

→●83○43●44○52●63○73●62○72●42○64●33○82，●得不偿失。

○63●43○64●82，○重。

（6）第六例。

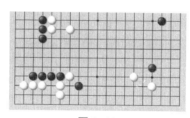

图 3-41

○374 意图攻击●，●应该如何反击？

●483○375●453，●转守为攻。

→ ○473●484○466●433○432●434○422，●不易受攻。

●373○375●304○367●324○483，●重。

（7）第七例。

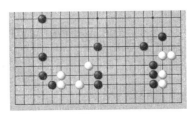

图 3-42

对●407 的攻击意图，○应该如何进行？

○405●495○496●406○492●493○402●482○392●473，○满意。

┗━━━→●402○494●485○493，●被杀。

┗━━━→○494●485○484●474○475●486○473●464○492

●402○493●482，○被杀。

（8）第八例。

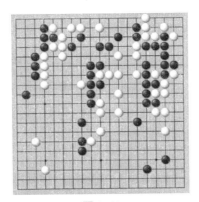

图 3-43

○中央大龙单纯求活代价太大，应该以攻为守，变被动为主动。

○389●399○398●387○379●292○304，○主动。

┗━━→●379○387●378○377，攻守逆转，○成功。

○304●496○395●384，○被动。

4. 诱敌深入的手段

诱敌深入其实就是骗招，对方不一定上当。

（1）第一例。

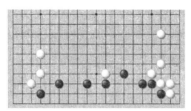

图 3-44

○494●493，○施展手段的时机。

○383●304○384，○破●空。

↳ ●384○483●484○403●492○394●392○402●401○404●482○382

●391○491●481○385●374○473●472○463●462○464，●中计。

○384●383○364●374○375●373，○没有收获，反倒帮助●补好毛病。

（2）第二例。

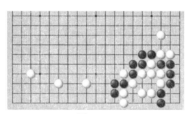

图 3-45

如果●415补活里面，则○475攻击●五子，●如何内外兼顾？全是4区。

●39○47●49○57●75○68●28，●两边都走到，里外兼顾。

↳ ○48●49○58●28○27●29○84●94○85●66○59●03，乱战。

●58○30●15○75●76○85●86○95●04，●不利。

（3）第三例。

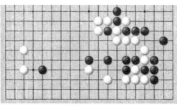

图 3-46

●正遭受○进攻，如何利用○弱点，摆脱困境？

●493○494●484○482●394○303●495○407●393○302●386，●坚实。

失败1：●487○486●497○496●407○406，●无应手。

失败2：●395○496●495○403，●无根据。

（4）第四例。

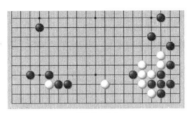

图 3-47

●如何冲击○？均在4区。

●62○74●63○65●52○86，●先手获利。

 ↳ ○63●73○72●82○74●83○84●94○52●71○03●92○02●91，○苦战。

●73○84●65○66●75○87，●失败。

（5）第五例。

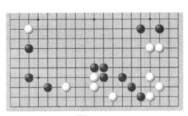

图 3-48

●如何搜刮下面○棋？

●493○402●492○491●385，○难受。

 ↳ ○492●383○382●392○384●393○394●372○302●381，●满意。

●385○352●362○363●372○383●343○382●342○375●376○365，●
失败。

（6）第六例。

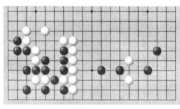

图 3-49

对于●474，○如何应对？均在 4 区。

○43●33○45●42○53●35○54●34○86，○成功。

　　●64○54●55○53●45○73●75○92●66，转换，○满意。

○64●86○67●88，○失败，●满意。

二、对杀技巧与死活常型

对杀是双方棋阵的短兵相接，是双方棋阵的搏杀。

（一）气的概念

"气"是棋阵内外没有棋子的位置。没有棋子的位置也称为空的位置。棋阵内的气是所有的空的位置；棋阵外的气是与棋阵相邻的所有的空的位置。如前所述，"无气"是棋阵及其周边没有空的位置。活棋是棋阵及其周边有一个以上空的位置（气），根据提子规则附则之禁着规则，活棋的棋阵不能被对方从棋盘上提出，从而可以在棋盘上保留到终局。

如果一个棋子落在棋盘上，棋子和相连的棋阵呈现无气状态，且不能提出对方棋子时，这个落子位置是禁着位置。因为每次只能下一子，所以禁着位置是一个具体的点。以此来说，可以落子的位置一定要具备的条件是：落子后，该棋子及其组成的棋阵至少要有一气。

反过来说，如果落子后，该棋子及其组成的棋阵仅有一气。那么对方下一手可以把整个棋阵或该棋子反提。根据围棋提子规则推论，只有两气以上的棋阵才是活棋。

一个棋子落在棋盘上，最多可以有 4 口气。两个棋子组成的棋阵，最多可以有 6 口气。三个棋子的棋阵，最多可以有 8 口气。但是，一个棋子落在棋盘上，一般情况下，最多只能紧对方一口气。

气的多少与棋阵有密切关系。

长气是增加己方棋阵的气。

紧气是减少对方棋阵的气。

如何长气和紧气是围棋的基本技术。

对杀是双方棋阵气数多少的较量。气数少的棋阵，在和对方棋阵的较量中，气数会首先降到零而阵亡，这个棋阵要从棋盘上提走。被提走的棋阵称为死棋，不能被提走的棋阵称为活棋。从结果反推过来，最终能够被紧气杀掉的棋阵，在没有被紧气之前就可以判断是死棋。不能被紧气杀掉的是活棋。所以，对杀前要先做好双方死活的判断。对于已经活棋的棋阵，就不要再做杀棋的打算。对于还没有活棋的棋阵，杀棋之前，要做好双方棋阵气数的计算。

对常见的死活棋阵的棋形要熟悉。古代围棋经典《官子谱》和《发阳论》有大量的示例。日本有众多诘棋作品，都可以用来学习领悟。

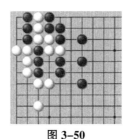

图 3-50

1 区 ●3 子和 ○6 子都是 2 口气。气数相同。如果 ● 先，●164，可以杀掉 ○6 子。如果 ○ 先，○164、○7 子组成的新棋阵变成 4 口气，和 ●3 子对杀，●3 子被杀。

（二）对杀时气的计算

对杀的根本是双方棋阵气的多少的较量。气的长短决定胜负。有必要在对杀前算气。提前做好棋阵决斗的推演。胜则战之，败则弃之。或另做打算，不打无把握之仗。

对杀分三种主要类型：双方无眼、单方有眼、双方有眼。

假设 A、B 是双方的外气数，C 是公气数。

1. 双方无眼

（1）双方无眼，无公气。

A＞B⇒A 胜；A＜B⇒A 败；A＝B⇒先紧气者胜。

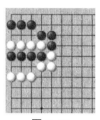

图 3-51

●4 子和○4 子都是 3 口气，谁先动手紧气，谁就杀掉对方。

如果●先，1●133○136/2●123○126/3●113。●先○死，●杀掉○；

如果○先，1○136●133/2○126●123/3○116。○先●死，○杀掉●。

（2）双方无眼，一口公气。

结果同（1），但不得先紧公气。

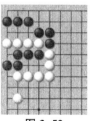

图 3-52

如果●先，1●133○117/2●123○146/3●113○136/4●115。●先○死，●杀掉○4 子；

如果○先，1○117●133/2○146●123/3○136●113/4○115。○先●死，○杀掉●5 子。

（3）双方无眼，两口及两口以上公气。

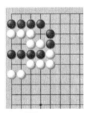

图 3-53

相当于●有 4 气，○有 3 气。如果●先，○死。如果○先，○走一手后，●○都是一口外气，两口公气，双活。也就是说，●○双方没有外气，只有两口公气的情况，是双活。

没有外气只有公气的情况，如果公气数大于 2，是双活。

A > B ⇒ A 胜；A < B ⇒ A 败；A = B ⇒ 双活。

当公气数为 C 时，（C ≥ 2）

A − B > C − 1 ⇒ A 胜；A − B < C − 1 ⇒ B 胜；A − B = C − 1 ⇒ 双活。

其余情况取决于谁先紧气。

2. 单方有眼

单方有眼，一般情况是有眼杀无眼。

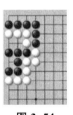

图 3-54

相当于●有 3 气，○有 2 气。○如果紧●气，紧完后○只有 1 气，●可以直接将○提掉。如果●先紧气，紧气后○不入子。

图 3-55

看起来似乎是〇有 4 气，●有 3 气。因为●有眼，●从外面紧〇1 气之后，●有 3 气，〇有 3 气。〇紧●1 气，同时也自撞 1 气，所以〇不行。

以上情况都是有眼杀无眼。

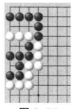

图 3-56

现在〇多 1 外气，如果●先走，回到上面有眼杀无眼的状况。如果〇先走，1/〇115●113/2〇125●123/3〇117，●被杀。

单方有眼的规律是：有眼方的气数=外气+内气+公气；无眼方的气数只计算外气，公气归属于有眼方。双方气数相等时，先紧气一方获胜。

3. 双方各有一眼

双方各有一眼的对杀，一般情况下是双活。

如果一方眼大，一方眼小，这种情况要看双方的气数。一般情况下，公气属于大眼一方。所以，大眼一方的气数=内气+外气+公气；小眼一方的气数=内气+外气。双方比气，气数多的一方获胜；气数相同时，双活。

大眼杀小眼：

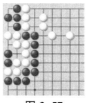

图 3-57

1●115〇126/2●116〇113/3●115〇111，●被杀。

4. 大眼气数的计算

通常情况下，一个完整的大眼的气数是：三个交叉点 3 气；四个交叉点 5 气；五个交叉点 8 气；六个交叉点 12 气。六个以上的交叉点的大眼棋阵是铁定可以做出 2 个眼的活形。对三到六个交叉点的大眼气数，要牢记于心，避免临局现算耽误时间。

（三）吃子技巧

1. 常用吃子五法

（1）双打。

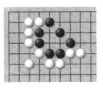

图 3-58

○154，对●144●143 和●155●165 两处打吃，必得一处，●不能两全。

图 3-59

●134，对○3 子和○2 子双打。

（2）征吃。

征吃是连续地打吃。被征吃一方线路上有接应时，征吃不成立。没有接应时，征吃成立。为了使得对方征吃不成立，而在征吃线路上落子，称为引征。为破掉对方的引征棋子而落子，称为解引征。一子解双征被视为妙手的一种。

图 3-60

●先，可以征吃○144。如果○174 或者○173 有子，可以解掉●的征吃。

具体本图的征吃过程是：●143○154●164○153●152○163●173○162●

161○172●182○171●181，○被杀。○线路上如果有接应，●征吃不成立。

（3）倒扑。

图 3—61

倒扑是先送给对方吃子，然后再反把对方吃掉。

○151●141○151。

（4）吃。

图 3—62

○155，枷吃●146 一子。

（5）接不归。

图 3—63

接不归就是接不回来的意思。

●161，如果○151，则 131 的断点依然存在。●131 吃掉○四子。如果○131，则●151 吃掉○两子。

2. 特殊吃子四法

（1）金鸡独立和不入子。

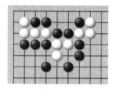

图 3-64

○52●62○51，●两边不入子。○52/51 比喻为金鸡独立。

（2）倒脱靴。

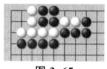

图 3-65

●71○61●52○81●51，○被吃。

图 3-66

●51○61●42，○被吃。

倒脱靴是形象的比喻。是指通过送吃对方数子，然后再把对方的数子吃回来。一般在一二线发生。

（3）吃秤砣。

图 3-67

●23○24●13○14●34○12●23○13●44○23●21，○被吃。

吃秤砣是指通过步步打吃，将对方打成一团，最后全部吃掉的吃子方法。

（4）滚打包收。

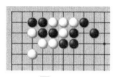

图 3-68

○22●23○31●34○41，●被吃。

滚打包收也是步步打吃，最后由于对方存在接不上的断点，全部被吃掉。

(四) 死活常形

1. 活形

棋阵中的空的位置形成两者必得其一，对方点眼时，应一手即可形成两个眼位的棋阵，称为活形。归纳起来有：直四、曲四、板六、二路爬八子等棋阵。

图 3-69

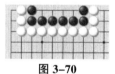

图 3-70

图 3-71

图 3-72

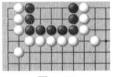

图 3-73

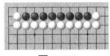

图 3-74

2. 临界棋形

临界棋形是指先手为活，后手为死的棋形。也就是说需要补一手才能活的棋形，或者说对方点一手就死的棋形，称为临界形。归纳起来有：直三、曲三、丁三、断头曲四、刀把五、梅花五、葡萄六、断头板六等棋形。

图 3-75

图 3-76

图 3-77

图 3-78

图 3-79

图 3-80

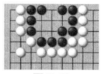

图 3-81

图 3-82

还有几个特殊一点的临界棋形，在一定条件下，对方可以使用一定手段，有可能杀死的棋形。

（1）角上板六。角上板六分三种情况，无外气是死棋；一口外气是劫杀；两口外气是活棋。

图 3-83

○22●21○12，●死。

图 3-84

●一口外气，○21●22○31●11，成劫，●如果打赢这个劫，是活棋，打不赢是死棋。

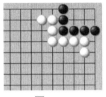

图 3-85

●有两口以上外气，○21●22○31●11○12●32，●活棋。

（2）大猪嘴。

图 3-86

●需要在●21 补一手才是活棋。如果不补，○13●12○21●22○61●31○42，●死。

（3）二路爬七子。

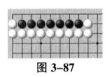

图 3-87

●需要在●21 或●81 补一手，才是活棋，否则○81●71○21●31○51，●死。

（4）角上爬五子。

图 3-88

●需要在●51 补一手，形成直四活棋，否则○51●41○21，●死。

3. 死形

死形是指需要两手才能做出两个眼的棋形。对手只要在第二手时候点一下就死的棋形。这样的棋形有：方四、二路爬六子、角上爬四子、开口弯三。

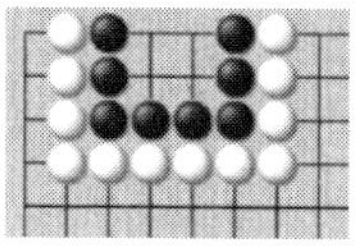

图 3-89

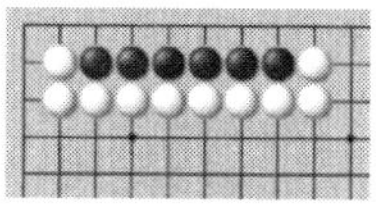

图 3-90

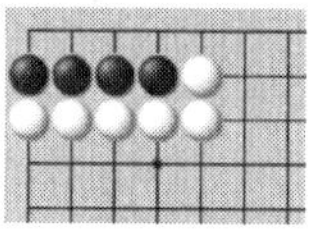

图 3-91

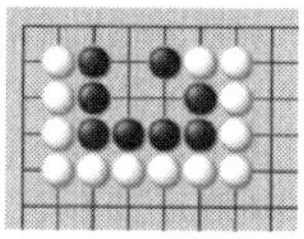

图 3-92

4. 特殊死活形

特殊死活形是指劫活或劫杀、双活、盘角曲四等棋形。

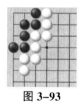

图 3-93

○12●11，开劫。

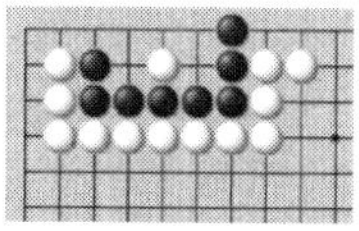

图 3-94

●61○51●72，开劫。

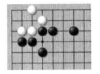

图 3-95

●12○22●13○52●62○51●21，开劫。

图 3-96

●22○14●13，开劫。

图 3-97

○21●13○12，开劫。

图 3-98

○21●22○15●14○12，开劫。

以下棋形是双活：

图 3-99

图 3-100

图 3-101

图 3-102

下面的棋形可以形成盘角曲四。盘角曲四"劫尽棋亡"。具体进程不做讨论。

图 3-103

三、打入时机与手段

深入对方的势力范围称为打入。打入要选好时机，打入太早浪费先手，打入太晚容易陷入困境。打入一般面临敌强我弱的局面，需要有一定的手段，或者就地做活，或者有逃出联络的通道。打入一般发生在角部和边上，中央打入比较少见，形式上更加复杂。角部和边上的打入有一些常见型。

（一）角部打入九型

1. 第一型

图 3-104

角部已经有●44，远处有●03呼应，○打入的首选是○33。后面进程推演：

○33●43○34●35○25●36○26●37○42●52○32●63，传统基本型，两分。

└→○42●52○32●26○53●62，○失败。

└→○NN●42○32●27，先手。

└→●NN○53●62○93，●失败。

○33●43○34●35○25●26○36●45○27●46○16●37○26，也是常见型，两分。

└→○38●26，劫争。

└→○37●24○16●23○46，●大优。

└→●24○16●23○46，局部○有利。

└→○42●52○53●45○62●32○51●22○83，两分。

└→●54○22●46○63●62，乱战。如果没有●03，●54不成立；有●04，●54也不成立。

○33●43○34●35○25●24○23●26○14●36，●骗招成功。

└→○26●23○32●22○42●52○45●36○53●54○37，●崩溃。

○33●43○34●36○26●NN，●抢先手。

└→●45○26●NN，●抢先手。

○33●43○34●35○25●32○36●45○27●22，●有利。

└→○22●26○42●52○31●45，两分。

└→●32○22●42○36●45○27，○有利。

2. 第二型

图 3-105

角部已经有●44，远处有●37、●03呼应，○打入的选点是○33或○43。传统说法是，星大飞守角加边上星展开下的打入。后面进程推演：

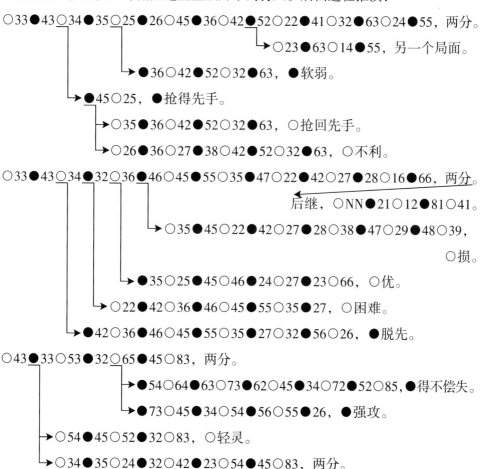

○43●53○33●52○25●46○22，两分。

→○34●45○26●36○27●28○35●17○15●38○42●64，○损。

→●54○25●46○52●62○42，●损。

→○52●54○42●62○34○35○24●22○32，金柜角，○角未活净。后继，
●51○25●23○33●26○41●14○21○12○15●61，缓气劫。

→●25○23●15，○净活。

○43●53○52●33○42●63○34●24○35●32○62●73○72●83○45●54○22，
●被吃。

→●42○33●32○34●45○62●22○35●46○93，●不行。

→●45○33●62○25●42○32●51○46●36○35●45○47●48○67
●39○34●69，○不利。

→○32●62○34●35○25●24○33●36○23，征子有利○优。

3. 第三型

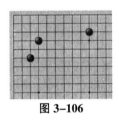

图 3-106

角部已经有●44，远处有●36、●03 呼应，○打入的选点是○33 或○52。
传统说法是，星小飞守角加边上星展开下的打入。后面进程推演：

○33●43○34●35○42●52○22●41○31，劫活。

→●24○23●25○31，●不利。

→●32○22●42○35●45○26●27○37●47○17●38○21，后手活。

→○24●34○22●25○42●52○31●14○23，○活。

→●32○23●42○26●27○25●21，强攻。

○33●52○42●53○34●25○35●27，强攻。

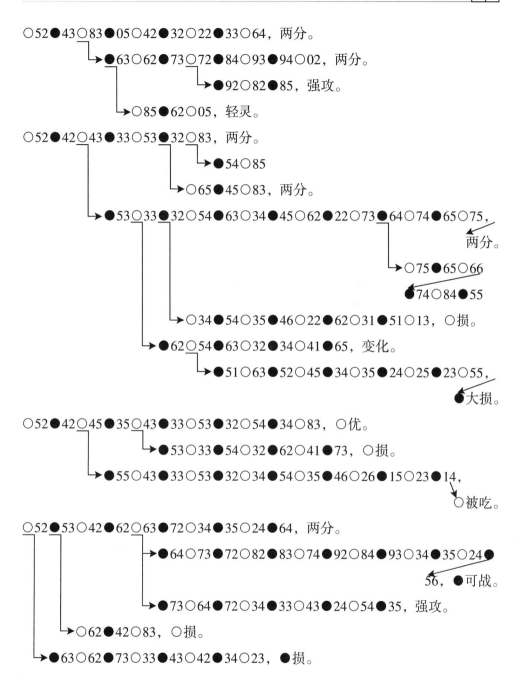

○52●43○83●05○42●32○22●33○64，两分。

　　　　→●63○62●73○72●84○93●94○02，两分。

　　　　　　　　→●92○82●85，强攻。

　　　　→○85●62○05，轻灵。

○52●42○43●33○53●32○83，两分。

　　　　　　　　→●54○85

　　　　　　　→○65●45○83，两分。

　　　→●53○33●32○54●63○34●45○62●22○73●64○74●65○75，
　　　　　　　　　　　　　　　　　　　　　　　　　　　两分。

　　　　　　　　　　　　　　　　　　　→○75●65○66
　　　　　　　　　　　　　　　　　　●74○84●55

　　　　　→○34●54○35●46○22●62○31●51○13，○损。

　　　→●62○54●63○32●34○41●65，变化。

　　　　　→●51○63●52○45●34○35●24○25●23○55，
　　　　　　　　　　　　　　　　　　　　　●大损。

○52●42○45●35○43●33○53●32○54●34○83，○优。

　　　　→●53○33●54○32●62○41●73，○损。

　　　→●55○43●33○53●32○34●54○35●46○26●15○23●14，
　　　　　　　　　　　　　　　　　　　　○被吃。

○52●53○42●62○63●72○34●35○24●64，两分。

　　　　　　→●64○73●72○82●83○74●92○84●93○34●35○24●
　　　　　　　　　　　　　　　　　　56，●可战。

　　　　　→●73○64●72○34●33○43●24○54●35，强攻。

　　→○62●42○83，○损。

→●63○62●73○33●43○42●34○23，●损。

4. 第四型

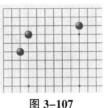

图 3-107

角部已经有●44，远处有●46、●03 呼应，○打入的选点是○33 或○43。传统说法是，星单关守角加边上星展开下的打入。后面进程推演：

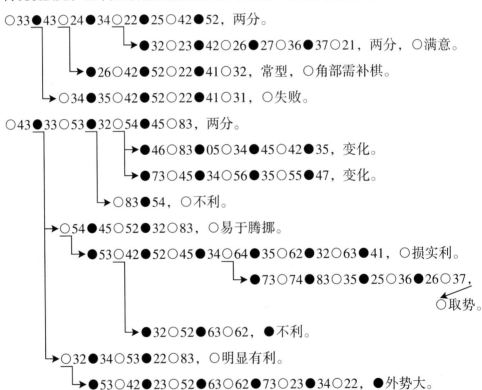

○33●43○24●34○22●25○42●52，两分。

　　　　　　└→●32○23●42○26●27○36●37○21，两分，○满意。

　　　└→●26○42●52○22●41○32，常型，○角部需补棋。

　└→○34●35○42●52○22●41○31，○失败。

○43●33○53●32○54●45○83，两分。

　　　　　　└→●46○83●05○34●45○42●35，变化。

　　　　　　└→●73○45●34○56●35○55●47，变化。

　　　└→○83●54，○不利。

　└→○54●45○52●32○83，○易于腾挪。

　　└→●53○42●52○45●34○64●35○62●32○63●41，○损实利。

　　　　　　└→●73○74●83○35●25○36●26○37，○取势。

　　└→●32○52●63○62，●不利。

　└→○32●34○53●22○83，○明显有利。

　　└→●53○42●23○52●63○62●73○23●34○22，●外势大。

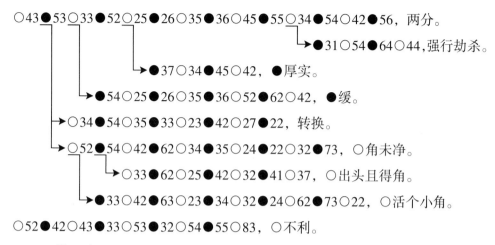

○43●53○33●52○25●26○35●36○45●55○34●54○42●56，两分。
　　　　　　　　　　　　　　　　　　└→●31○54●64○44,强行劫杀。
　　　　　　　　　└→●37○34●45○42，●厚实。
　　└→●54○25●26○35●36○52●62○42，●缓。
　└→○34●54○35●33○23●42○27●22，转换。
　└→○52●54○42●62○34●35○24●22○32●73，○角未净。
　　　└→●33○62●25○42●32○41●37，○出头且得角。
　└→●33○42●63○23●34○32●24○62●73○22，○活个小角。
○52●42○43●33○53●32○54●55○83，○不利。

5. 第五型

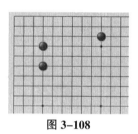

图 3-108

角部已经有●44，远处有●64、●03 呼应，○36 挂角，之后○打入的选点是○33。这是另一种方向的星单关守角加边上星展开，挂角之后的打入。后面进程推演：

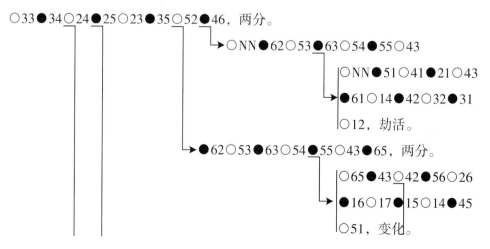

○33●34○24●25○23●35○52●46，两分。
　　　　　　　　└→○NN●62○53●63○54●55○43
　　　　　　　　　　　　　　│○NN●51○41●21○43
　　　　　　　　　　　　　　└→●61○14●42○32●31
　　　　　　　　　　　　　　│12，劫活。
　　　　　└→●62○53●63○54●55○43●65，两分。
　　　　　　　　　　　　　　│○65●43○42●56○26
　　　　　　　　　　　　　　└→●16○17●15○14●45
　　　　　　　　　　　　　　│51，变化。

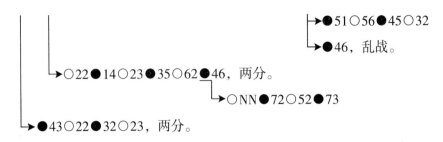

┗➤●51○56●45○32

┗➤●46，乱战。

┗➤○22●14○23●35○62●46，两分。

　　　　　　┗➤○NN●72○52●73

┗➤●43○22●32○23，两分。

6. 第六型

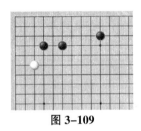

图 3-109

角部已经有●44，以及有●35●64●03，○36○46。之后○打入的选点是○33。这是一种比较常见的形势。后面进程推演：

○33●25○53●54○63●43○42●73○72●32○83●74○52●23○93●04，两分。

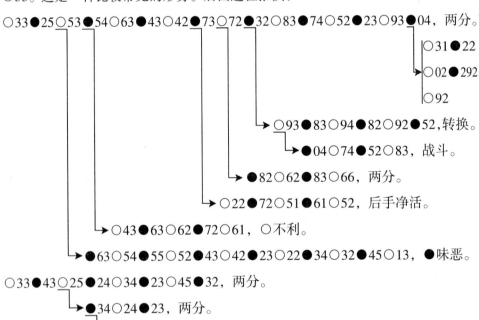

○31●22

┗➤○02●292

○92

┗➤○93●83○94●82○92●52，转换。

┗➤●04○74●52○83，战斗。

┗➤●82○62●83○66，两分。

┗➤○22●72○51●61○52，后手净活。

┗➤○43●63○62●72○61，○不利。

┗➤●63○54●55○52●43○42●23○22●34○32●45○13，●味恶。

○33●43○25●24○34●23○45●32，两分。

┗➤●34○24●23，两分。

┗➤○27●43，变化。

○33●34○42●43○22●52○24●25○31●14○23，○不便宜。●34，一般○NN，脱先。○33●24○52●26○73，特殊手段。

○33●26○27●43○25●24○16●23，也是一种特殊应对。

7. 第七型

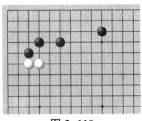

图 3-110

角部已经有●44，以及有●35●63，○36○46。之后○打入的选点是○33。这是●星位○挂角，●尖顶，○立，●小飞守角，形成的阵型，也是一种比较常见的形势。后面进程推演：

　　　　○33●25○52●62○53●54○22●75○24，两分。
　　　┗→●53○62●42○43●32○73，转身。

在这种场合下，○33打入，●各种应手都不理想，使得自己重复。●43是局部唯一有效的应手。之后，○活角，●形成外势。

8. 第八型

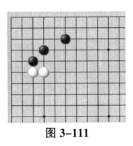

图 3-111

角部已经有●44，以及有●35●73，○37○93。之后○打入的选点是○33/43/53/63/52。这是●星位大飞尖守角，○从两边逼住的阵型。后面进程推演：

○33●43○24●25○42●52○22●41○31，做劫。
　　　　┗→●22○32●52○21●12○15●16○14●27○41●38，○不利。
　┗→○25●24○26●23，两分。
　　　┗→●26○24●36○42●52○32●47，○活角。

○43●53○33●52○25●26○24●36○22●47，两分。

┗→●33○53●32○54，两分。

○53●54○63●64●72○43●74，两分。

┗→○43●33○32●62，○过分。

┗→●74○64●65○72●82○62●83○33，●不利。

┗→●43○42●54○63●64○72●32○52，两分。

┗→○63●83，作战。

┗→●74○72●82○55●54○64●65○75●66○84

○63●53○62●64○52●42○72，两分。

○52●53○62●42○63●64○72，两分。

┗→○42●33○62●72，○不活。

┗→○33●42○43●62○25●26○24●36○32●51○22，○活角。

┗→●63○53●54○23●32○33●43○42●22○21●31○12，开劫。

┗→○12●21○13●62○25●51○36，渡过。

┗→○33●43○42●23○22●24○62●72○12●61○51●31，○不活。

9. 第九型

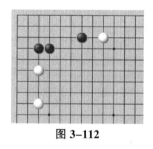

图3-112

角部已经有●44，以及有●34●73，○36○39○93。之后○打入的选点是○53/63。这是●星位大飞加玉柱守角，○从两边逼住的阵型。后面进程推演：

○53●54○63●64○72●74○52，两分。后继，●42○43●32。

┗➤●74○64●65○72●82○62●83○62●83○32●75○23●24○56

●55，两分。后继，○NN●13○42●22○51。

┗➤○75●93○32●56○23●24○85●03○77

●58，作战。

┗➤●85○76●43○92●71○66●55○94

●84○96，●得不偿失。

┃○23●24○64●65○72●82○62●83○22○75○56●55，后继

┗○NN，●14○43

○53●43○63●74○72●82○55，●失败。

┗➤●64○52●54○23●24○32●72○61，●缓。

┗➤○92●51○41●43○42●21○62，●更不好。

┗➤●63○52●43，●无棋。

○63●64○73●53○62●74○52●42，两分。

（二）边上打入九型

1. 第一型

●244 后，●134○154●153○163●143○174●136○293●273，形成下面的阵型。●183 是这个时机的打入点。推演如下：

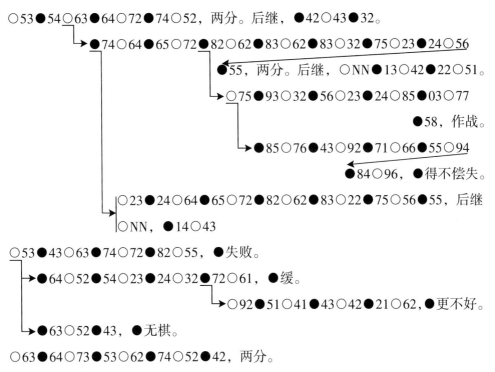

图 3-113

●183○172●104○103●193○192●182○181●102○191●294○292●283○282

●272○185，两分。

┗➤○192●103○102●294○283●284○272●262，○不利。

┗➤○294●102○105●195○194●184○103●193，○苦战。

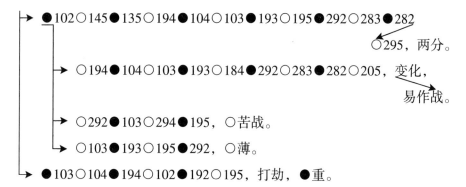

●102○145●135○194●104○103●193○195●292○283●282

○295，两分。

○194●104○103●193○184●292○283●282○205，变化，

易作战。

○292●103○294●195，○苦战。

○103●193○195●292，○薄。

●103○104●194○102●192○195，打劫，●重。

●193○104●194○195●292○282●102○283●172○162●182○184●191○186，●打入失败。

●103○104●292○193●102，●打入失败。

2. 第二型

●244 后，●144○163●164○174●165○153●143○103●146○NN●283，形成如下局面。●183 是打入选点。由于进程主要在 1 区，省略了 1 区区位代码。推演如下：

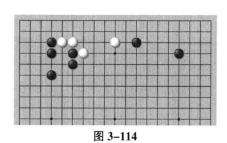

图 3-114

●83○82●92○93●72○73●84○81●91○85●94○05●75○04●71，两分。

○82●NN，以后●再见机行事。

○84●93○94●02○04●292，○不好。

○73●93○04●02○292●85，●成功。

○02●95○82，场合下法。

●93○83●92○94●02○04，●不好。

○92●83○82●04○293●294○282，●不好。

3. 第三型

○344 后，○434●454○453●463○443●464○436●403○383，形成如下
阵型：

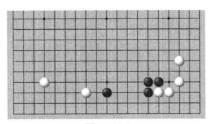

图 3-115

推演一下○483 以后的进程，没有区位码的都是 4 区：

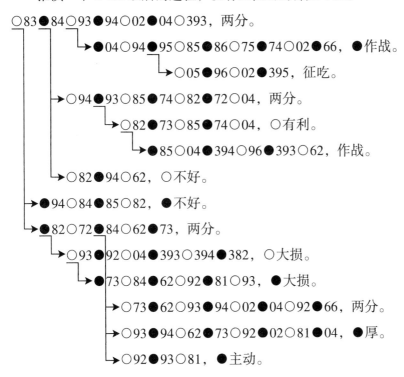

○83●84○93●94○02●04○393，两分。
　　　　　└→●04○94●95○85●86○75●74○02●66，●作战。
　　　　　　　　└→○05●96○02●395，征吃。
　　　└→○94●93○85●74○82●72○04，两分。
　　　　　　└→○82●73○85●74○04，○有利。
　　　　　　　　└→●85○04●394○96●393○62，作战。
　　　└→○82●94○62，○不好。
　　└→●94○84●85○82，●不好。
　　└→●82○72●84○62●73，两分。
　　　　└→○93●92○04●393○394●382，○大损。
　　　　　└→●73○84●62○92●81○93，●大损。
　　　　　　└→○73●62○93●94○02●04○92●66，两分。
　　　　　　└→○93●94○62●73○92●02○81●04，●厚。
　　　　　　└→○92●93○81，●主动。
○82●83，○打入失败。

4. 第四型

●344 ○434●454○453●463○443●464○445●404○336●364○324●333
○339，形成下面局面：

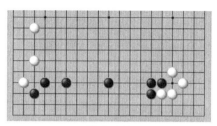

图 3-116

●NN○483/482 推演，无区位码的为 4。

○82●83○93●94○73●84○62●74○72●03，两分。
　　　　　　　↳○03●393○392●382○73●84○62●74○72，●有利。

↳●72○84●85○393，○腾挪。

↳●93○62，●亏损。

○83●03○85●66，两分。
↳●84○82，●落空。

5. 第五型

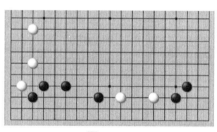

图 3-117

无区位码为 4，推演如下：

●72○73●82○83●62，常型。
　　　　　　　↳●92○03●02○394●383○45●35○47，●不好。

↳○95●83○84●62，○快速。

↳●62○82●53○65，●不充分。

↳○62●92○73●83○84●82○75，常型。
↳○83●82○65，变化。

↳●83○92●73○383，●不好。

●82○83●72○03●62○394●383○96，●失败。

6. 第六型

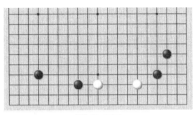

图 3–118

无区位码为 4，推演如下：

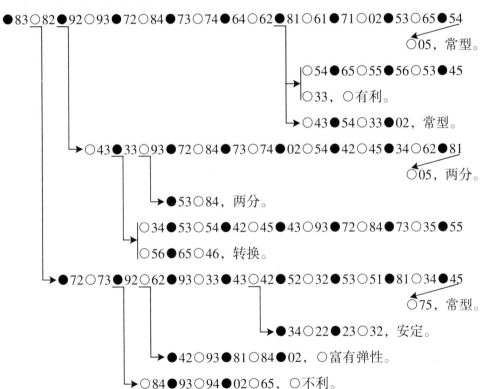

●83○82●92○93●72○84●73○74●64○62●81○61●71○02●53○65●54
　　　　　　　　　　　　　　　　　　　　　○05，常型。

○54●65○55●56○53●45
○33，○有利。

→○43●54○33●02，常型。

○43●33○93●72○84●73○74●02○54●42○45●34○62●81
　　　　　　　　　　　　　　　　○05，两分。

●53○84，两分。

○34●53○54●42○45●43○93●72○84●73○35●55
○56●65○46，转换。

●72○73●92○62●93○33●43○42●52○32●53○51●81○34●45
　　　　　　　　　　　　　　　○75，常型。

●34○22●23○32，安定。

●42○93●81○84●02，○富有弹性。

○84●93○94●02○65，○不利。

7. 第七型

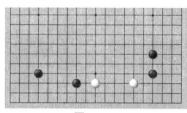

图 3–119

无区位码为 4，推演如下：

●83○82●92○93●72○84●73○74●64○62●81○43●54○33●02，常型。

        →○54●65○55●56○43●45

              ○53●02，○无理。

        →○61●71○02●53○65●54

              ○05，○不利。

  →○43，参照前型。

  →●72●73●92○62●93○33●43○42●34○22●23○32●30，○安定。

→○33●43○42●52○32●53○25●85，○不好。

→○05●43，○不好。

  →●85○363，●不好。

8. 第八型

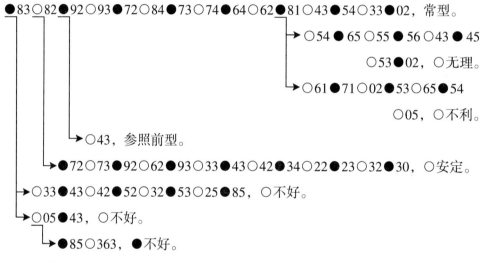

图 3–120

无区位码为 4，推演如下：

●83○84●94○93●95○82●03○73●92○83●02，○不利。

      →○85●86○82●03○73●92○83●96，●好。

  →○95●93○74●03，正应。

  →●93○94●03○73●394○392●393○42●33，●不好。

9. 第九型

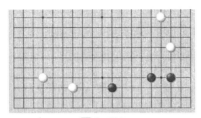

图 3-121

无区位码为 4，推演如下：

○73 ●74 ○63 ●84 ○64 ●65 ○32 ●82 ○53 ●55 ○33 ●23 ○82 ●92 ○43 ●36 ○26 ●25 ○46 ●35，●外势厚。

○73 ●84 ○43 ●44 ○53 ●33 ○74 ●75 ○92 ●02 ○82 ●03 ○62 ●86，大同小异。

○64，是另外一条思路。

第四节　收　官

一、官子概述

（一）官子定义

最终确定黑白双方棋阵分界的棋子叫官子。由于最终分界时也有小数目的地域位置争夺，所以最终确定棋阵界限的几手棋都称为官子。官子回合各方不会多于四手棋。

（二）官子原理

棋力相当的高手，在围棋游戏中对双方大小得失的判断准确，一般不会在布局和中盘时出现一方绝对优势。因此大多数职业围棋比赛都要通过官子阶段决出胜负。围棋水平相当，在游戏中的判断会有一致性。水平越高进入官子定胜负的概率越高。所以围棋水平高的人，官子水平一定高。

进入官子阶段，棋盘头绪很多，局部大小差别很细。官子要求计算细、判断准、次序不乱。一局棋官子的手数很多。如果官子功夫差，即使在布局、中盘时领先对方30目，也可能被对方追上而输棋。官子虽然只是先手后手的一二目之争，甚至是半目之争，但是，如果有20多处一二目之争，就一定是30多目的出入。20多处的官子也是很正常的一局棋。一二目的官子的累积，就会决定全局的胜负。所以，官子功课差，围棋水平一定低。

有人胜在开始的大局上，有人胜在中盘激战，大多数人都是胜在最后的官子。

（三）官子类型

先手官子：当走完某处官子后，可能依然保持先手权利时，称该处为先手官子。

后手官子：当走完某处官子后，可能失去先手权利时，称该处为后手官子。

1. 双方先手

任何一方走棋对方都必须应，而先走一方仍然保留先手权利的官子，叫双方先手官子。双方先手官子最急，价值最高。因为先走方获得官子利益，又没有丢掉先手的权利。

例一：

图 3-122

$\left\{\begin{array}{l}\text{●}51○61 \ \text{●}41○62 \ \text{●}NN, \ \text{●}依然先手;\\ ○41\text{●}31 \ ○51\text{●}32 \ ○NN, \ ○依然先手。\end{array}\right.$

例二：

图 3-123

$$\left\{\begin{array}{l}\bullet 42○52\bullet 51○61\bullet 41○62\bullet NN。\\○52\bullet 42○41\bullet 31○51\bullet 32○NN。\end{array}\right.$$

例三：

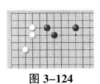

图 3-124

$$\left\{\begin{array}{l}\bullet 52○62\ \bullet 61○71\ \bullet 51○72\ \bullet NN。\\○52\bullet 42\ ○41\bullet 31\ ○51\bullet 32\ ○NN。\end{array}\right.$$

以上实例可见，先走一方的先手权利依然在手。这样的官子为双方先手官子。这样的形状也是实战中常见的先手官子形状。

2. 单方先手

某一方先走，依然保持先手权利；另一方先走，不能保持先手权利的官子，叫单方先手官子。

例一：

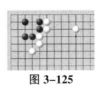

图 3-125

$$\left\{\begin{array}{l}\bullet 51○61\bullet 42○62\bullet NN。\\○41\bullet 31○51\bullet NN。\end{array}\right.$$

这里●是先手官子，○是后手官子，所以是单方先手官子。

逆收官子：单方先手官子中，由于先手方没有走到先手收官，而被后手方走到，从而阻止了对方的单方先手的官子，称为逆收官子。由于阻止了对方的先手之利，通常是加倍计算目数。上例中○是逆收官子。

例二：

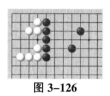

图 3-126

{
●44○34●NN。

○44●NN。
}

○逆收官子。逆收官子一般为逆收一目或后手二目。因为逆收一目同时减少了对方可以获得的一目，故称后手二目。具体官子价值计算后面再详细讨论。

3. 双方后手

任何一方走棋，都是落为后手的官子，叫双方后手官子。这类官子的价值最低。应收完先手官子再收后手官子。

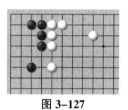

图 3-127

{
●51○61●41○NN。

○41●31○51●NN。
}

二、官子价值计算

（一）官子计算方法

官子的计算单位是"目"。棋盘上的一个位置交叉点是一目。凡是提过对方棋子的位置（包括终局后要拿掉的对方的死子），算目时都要加倍。或按提一子计二目，提二子计四目类推。提过对方棋子后，己方又在该处填子，每填一子减一目。

"子"和"目"之间的关系是：

1 子=2 目

1 目=1/2 子

官子计算是判别每手棋价值的依据。有以下三种计算方法：

1. 单方计算法

针对双方后手官子，只计算某一方收官后的目数为单方计算法。即该处的官子只关系到某一方位置的多少，对另一方没有影响，故只计算单方官子数目。

图 3-128

●51○61，○7 目；

○51　　　　○8 目。

无论●○谁先走，●地域没有变化，仅仅是○目数的变化。所以●51 是先手破○1 目，○51 是后手逆收 1 目。

2. 双方出入法

从双方的得失计算。考虑一方增加的目数和另一方减少的目数。双方目数增减数之和，是这手棋的官子价值。

例一：

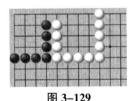

图 3-129

$$
\left\{
\begin{array}{l}
●51○61●41○62 \left\{\begin{array}{l}●12 目，●+2 目。\\ ○10 目，○-2 目。\end{array}\right.\\
○41●31○51●32 \left\{\begin{array}{l}●10 目，●-2 目。\\ ○12 目，○+2 目。\end{array}\right.
\end{array}
\right.
$$

先手扳粘占了二目，迫使对方在其空地里填了二目，对方减少了二目，合计价值 4。因此该处官子为双方先手四目。

例二：

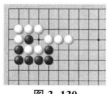

图 3-130

{●44，吃○二子，计 4 目，加上●44、●34 的 2 目，共计 6 目。
{○44，吃●一子，计 2 目，加上○44、○45、○35 的 3 目，共计 5 目。

救回来的子要加倍计算，救回一子算二目，打吃一子计二目，后手不计目。

3. 平均计算法

平均计算法用于判断全局尚未走到的双方后手官子的价值。在没走之前，存在两种可能，所以将双方出入计算的目数的平均数，作为该处官子的价值。如例图 3-129，双方后手 6 目，在双方未走之前，按照 3 目计算官子价值。

（二）收官次序

收官次序按照如下三个原则：

（1）双方先手☞单方先手☞双方后手；

（2）从大到小；

（3）先手≮3 目。

例一：

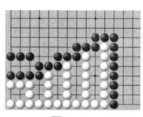

图 3-131

这是一个假设图，以此形象地说明收官次序不同会导致目数的差异。同为先手或同为后手时，广阔的地方比狭窄的地方围棋价值大，官子价值也是如此。

43，64，85，06，四点都是一目官子。

按正确的次序收官：●06○05●85○84●64○63●43，○6目；

●错误是收官次序：●43○06●64○85●63，○7目。●收官次序的错误，使○多围1目。

例二：

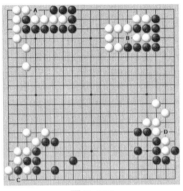

图 3-132

A：●先，扑吃○四子得8目，围得1目，共9目；

B：●先，5目；

C：●先，出入7目；

D：●先，出入8目。

所以 A ＞ D ＞ C ＞ B，行棋次序是●141○426●321○264。●得16目，○得13目。

后续官子：当走完某一官子后，还存在后续官子手段，这样的官子称为后续官子。后续官子比没有后续官子的价值大。后续官子又称为套官子。上例中●06○NN●05，就是后续官子。收官时，要先收后续官子。

(三) 常见官子大小

1. 小于一目的官子

图 3-133

如图所示的单劫，要通过打劫、应劫、粘劫，三手才能获得一目，可以把该单劫官子价值看作 1/3 目。

图 3-134

●21○31●13；

○21●NN。

该官子价值看作 2/3 目。

2. 一目的官子

图 3-135

●12，后手一目。

图 3-136

●53○52，●先手一目。

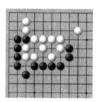

图 3-137

●56，●一目半。

图 3-138

●65，●一目半。

3. 二目的官子

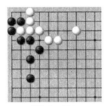

图 3-139

●21，二目。

图 3-140

●33，后手二目。

图 3-141

○64，后手二目。

4. 三目的官子

图 3-142

●54

图 3-143

●17

图 3-144

●41○62●31○51

图 3-145

●21

图 3-146

●17○16●18○26

5. 四目的官子

图 3-147

●44

图 3-148

●31

图 3-149

●41

图 3-150

●12○21

图 3-151

●12○42●13○31

6. 五目的官子

图 3-152

●34

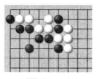

图 3-153

●41○42●21○72●31○61●13

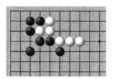

图 3-154

●51○62●61○71●41○72

图 3-155

●51○62●61○71●41○62

7.六目的官子

图 3-156

●52○62●42

图 3-157

●52○42●61

图 3-158

●52

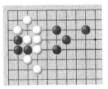

图 3-159

●52

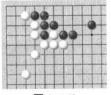

图 3-160

●22○23●31○33

图 3-161

●22○23●13○21●12○52

8. 七目的官子

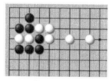

图 3-162

●61○62●51○71●42○52●41○72

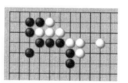

图 3-163

●51○72●71○81●61○82

图 3-164

●53

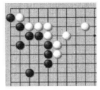

图 3-165

●32○42●21

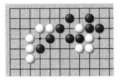

图 3-166

●52○42●41○32●51○22

9. 八目的官子

图 3-167

●24○23●13○12●14○32

图 3-168

●72○62●82○53

图 3-169

●52○42●62

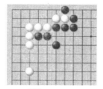

图 3-170

●52○42●61

10. 九目的官子

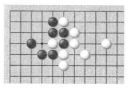

图 3-171

●72○82●61○93

图 3-172

●61○62●51○71●42○52●41○72

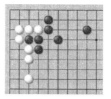

图 3-173

●21

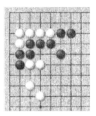

图 3-174

●52○42●62○21

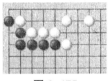

图 3-175

●32○42●21

11. 大约十目的官子

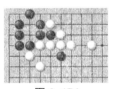

图 3-176

●62○72●51

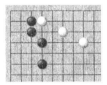

图 3-177

●52○62●41

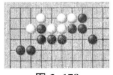

图 3-178

●22○32●23○51●31○71

12. 十目以上的官子

图 3-179

○42●52○31●NN○51●62○61●71○41●72，十一目。

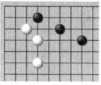

图 3-180

●32，十五目以上。

图 3-181

●32○23，十六目。

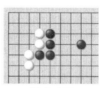

图 3-182

○52●62○42●NN，视情况○72 或○61，十七目。

13. 序盘中应该走掉的大官子

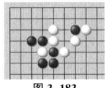

图 3-183

●42 有 20 目以上，应该在中盘时候走掉。如果●不走 42，○32，黑角部收获大减，双方出入 20 目以上。

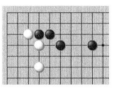

图 3-184

●○谁先走到 32 位置，关系到双方出入 26 目。

三、官子技巧

(一) 二路上的收官技巧

1. 扳粘

二路扳粘是后手 6 目，但是后续官子为先手 6 目。双方出入共计 12 目。

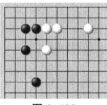

图 3-185

$\begin{cases} ●52○62●42○NN●61○71●51○72，●5 目。\\ ○42●32○52●NN○31●21○41●22，○5 目。\end{cases}$ 双后 10 目。

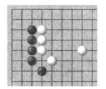

图 3-186

{
●42○52●32○NN●51○62●61○71●41○72，●6目。
○32●22○42●NN○21●12，○7目。
} 双后 13 目。

2. 尖

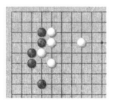

图 3-187

{
●52○62●42○NN●61○72●71○81●51○82，●10目。
○42●32○52●NN○22●23○31●33○21●12，○7目。
} 双后 17 目。

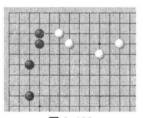

图 3-188

{
●52○62●61○71●51○72，●3目。
○52●42○41●31○51●32，○3目。
} 双先 6 目。

3. 跳入

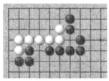

图 3-189

$\left\{\begin{array}{l}●52○62●61○42●41○32●31○21●51○53●71○22,○角 7 目。\\○61●62○52●71○51，○角 14 目。\end{array}\right.$　　　○单先差 7 目。

●62○52●51○41●61○42，●增 1 目，○角 12 目，●损失 4 目。

4. 立

图 3-190

●24○25●15○16●14○26，●先手收官。●25 也大，但是落后手。实战依据具体情况取舍。

5. 夹

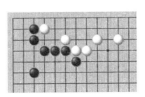

图 3-191

●62○73●52○53●43，与●52○62●41 相比，●便宜 8 目。

6. 打吃

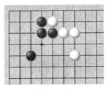

图 3-192

●62○72●51，后继手段为●71○82●81○91●61○92。与○62 相比，价值 12 目。

（二）一路上的收官技巧

1. 托

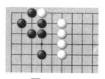

图 3-193

●61○71●51○52●41○72，与●51○61 相比，便宜 2 目。

二路托，后续手段很多，价值极大，一般不视作官子。

2. 大飞（仙鹤伸腿）

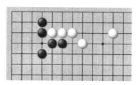

图 3-194

　●71○72●61○81●52○62●51○82，先手 9 目。如果○83 有子，则●71 ○72●51○81，先手 6 目。一般大伸腿有 8 目。

3. 小飞

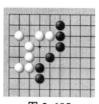

图 3-195

　●41○32，先手 5 目。如果大飞，●31○32●41○21●52○42●51，后手 6 目。因为先手不只是 1 目的权利，所以要小飞保持先手。

4. 尖

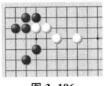

图 3-196

●51○72●71○81●61○82，与●52○62 相比，优 4 目。

(三) 角部的收官技巧

1. 点

图 3-197

●26○35●14○37●15，留有大飞。与○25 相比，获利 15 目以上。

2. 断

图 3-198

●32○31●42○41●61○51，○角 7 目。与●81○61 相比，先手 1 目。

3. 扑

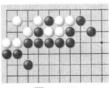

图 3-199

●51○41●23，若○13，则●21，○劫活；若○32，则●12○21，先手8目。

4.跨入

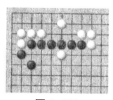

图 3-200

●72○52●73，○空被破。●72，如○73，则●52，○角有死活问题。

(四) 其他官子技巧

1.使对方收气吃

图 3-201

●61○52●51○41，○空5目。如果○52补，○空6目。先手一目的便宜。

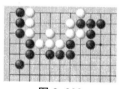

图 3-202

●52○42●51○62，○空6目。不提●二子则成双活。●91○71，○空8目。先手2目。

图 3-203

●42○43●61○62●81○32●71○41，与●81○43相比，先手2目。

图3-204

●72○61●81○71●91○73，○空4目。●81○72，○空5目。先手1目。

2. 威胁生存

图3-205

●21○22●61○31●42○11●51，与●61○21相比，后手3目。

图3-206

●12○21●41○42●52○12，○角2目。●42○22，○角4目。先手2目。

3. 防止侵入

图3-207

●14最佳。与●23○14●13相比，●便宜2/3目。

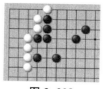

图 3-208

●33○32●41○31●62，与●61○41●62相比，便宜1目。

4. 一子两用

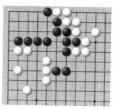

图 3-209

●22，补住两处扳。与●42○14●13○15●23相比，便宜2目。

图 3-210

●14○61●51○71●22，与●23○61●51○71●52相比，便宜2目。

5. 先手定形

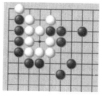

图 3-211

●41○31●62○51●61○42，与●62○51●61相比，●先手利用。

图 3-212

●51○41●43○52●31○61，先手消解○31 扳。

总之，官子的最大技巧是在尽可能保持先手的前提下，按照先大后小的收官次序进行。防止对方先手收官。

第四章 名局九谱

擂台局，引发了中国的围棋热。

韩流局，引发了韩国的围棋热。

核爆局，日本，战争对棋局的影响。

百日局，引发了日本围棋的百年改制。

握手局，规则，循环劫，和局。

战狗局，人与人工智能的交手。

网战局，最多手，循环劫，网战的趣味。

当湖局，古代的对局风采。

游月局，排局的趣味，循环劫，最早的棋谱。

一、擂台局

围棋如果有史诗般的比赛，只能是第一届中日围棋擂台赛。1985 年 11 月 20 日，历时一年的首届中日围棋擂台赛落幕。人们没有想到，中国队赢得了擂台赛的胜利。欣喜若狂的人群涌上天安门广场，高喊着"中国"，高喊着"胜利"，也高喊着一个名字——"聂卫平"。从此开启了全国处处下围棋的模式。

没有第一届中日围棋擂台赛的胜利，就无法想象围棋如何重回祖国大地，更不敢奢望全国范围的围棋热潮。

1984 年 10 月 15 日晚，在日本东京王子大饭店，举行第一届 NEC 杯中日围棋擂台赛的盛大开幕仪式。盛大的是日本棋界，300 多相关人士出席开幕式。中国为了节约开支，仅仅从国内派去 3 人参加：团长郝克强、主帅聂卫平、先锋汪见虹。驻日大使宋之光应邀助威。人们不知道这个赛事以后会连续举办 11 届，也没有预见到后来的巨大影响力。擂台赛的名字吸引了大众注意力。深入人心的武林打擂的传奇故事以围棋的方式在现实中开启，立刻就吸引了全国人民的高度注意。人们不关心围棋的招法，只关心擂台的胜负。看的是围棋比赛，暗暗涌动的是武林情结。

围棋当时尚无任何世界级的国际比赛。人们公认日本是围棋第一强国，超一流棋手数不胜数。和中国棋手的对局几乎没有败绩。中国虽然拿出了最强的阵容，但在内心其实不抱幻想。日本《棋》周刊公布了一项民意测试，结果在 3000 多名投票者中，只有 27 人认为中国队获胜。而这 27 人中 24 人是在日的中国留学生，3 人是华侨。中国《围棋天地》杂志公布的中国投票结果也只有 20% 的人认为中国队胜。从整体实力看，那时中国围棋与日本围棋相比，差距还是十分明显的。

第一局波澜不惊，日本先锋伊田纪基将中国先锋汪见虹打下擂台。从第二局开始，出现了大家都没有预料的一幕，江铸久棋艺神勇，如有天助，连斩日本 5 员大将，将日本依田纪基、小林觉、淡路修三、片冈聪、石田章掀翻在地。赛前日本队曾有说法，中国队如果能见到小林光一就可以说是及格了。没想到中国默默无名的副先锋就直接打到了小林光一的门前。日本棋界其实心中有数，但中国民众的激情一下子就被江铸久的 5 连胜点燃了。希望的火苗越燃越大。

小林光一有着日本十段头衔。他一出场，直接遏制了江铸久的疯狂势头，然后一发而不可收拾，比江铸久更加勇猛，连胜中方 6 人，将中方江铸久（8 段）、邵震中（7 段）、钱宇平（6 段）、曹大元（8 段）、刘小光（8 段）、马晓春（8 段）挑于马下，直接冲到了中方主帅聂卫平的面前。小林光一的 6 连胜又将中国民众的围棋火苗一点点摁灭了。

聂卫平单枪匹马面对小林光一、加藤正夫、藤泽秀行三座超一流的悬崖峭壁。

小林光一还从未输给过中国棋手，可以说气势如虹。1985 年 8 月 27 日，擂台赛第 13 场比赛在日本暖海庄开战。聂卫平以一身出人意料的装束走上棋场。棋手比赛一般都穿西装，"但是这一次我和小林光一的比赛，我是穿一件短袖的运动服，上面写着中国两个字。"这身服装让日本对手也非常震惊。30 年后聂卫平揭秘，自己早就计划好了，"我当时穿的是中国乒乓球队的队服，还是向一位女队员借来穿上，至于这位女队友是谁（耿丽娟），我必须保密。那么我为什么这么穿呢？当时小林光一气势很盛，之前在北京体育馆，他当着非常多的中国观众说：'我是代表日本国家来比赛，所以我不能输，一定要战斗。'我那时就想，我也是代表中国来比赛，你不能输，我也不能输，那就分个高低吧，我就穿了代表中国的衣服。"小林光一身穿西装，神情严肃。聂卫平以 2 目半胜小林光一，完成了他在中日围棋擂台赛上的首胜。

加藤正夫是日本的王座。加藤正夫刚出道时棋风彪悍，号称"天煞星"。38 岁的他正是如日中天，聂卫平从来没有战胜他的记录。1985 年 8 月 29 日上午 10：00，在日本东京 NEC 本部的会馆，NEC 中日擂台赛第 14 场比赛开始。聂卫平仍然身披红色战袍，"中国"二字分外醒目。因为昨天"吃得好，睡得香"，再加上刚战胜小林光一，聂卫平如同充满活力的斗士。而加藤正夫表情严肃，动作拘谨，仿佛是客场作战。加藤正夫比聂卫平大五岁，两年前成为日本的"五冠王"而君临日本围棋。当时的加藤是日本最活跃的棋手。有句话说："现在日本围棋最难的一件事就是请加藤出来下棋，因为他的日程已经排得满满当当。"以当时加藤远远超出小林的胜绩，以及去年他对聂卫平二战皆胜的纪录，日本围棋界认为加藤必能挡住聂卫平。结果聂卫平以 4 目半胜加藤正夫。由于聂卫平击败加藤出乎日方意料，原定的闭幕式改为恳谈会。

聂卫平气势如虹，终于战到日本主帅藤泽秀行面前。藤泽秀行是日本的棋圣，为中日围棋交流做出过贡献，多次率团访问中国。藤泽秀行前 50 手棋绝对天下第一。但聂卫平已经进入佛挡杀佛的境界，连胜日本两大高手给了他极大信心，在一场没有多大起伏的战斗后，聂卫平用胜利收官第一届中日围棋擂台赛，给国人一个巨大的惊喜。日本围棋界把失败当成奇耻大辱，赛后多人剃了光头，期待第二届比赛卷土重来。这一次的胜利给了当时中国围棋极大的信心，他们看到原来日本围棋也不是不可以战胜的。

自古擂台出英雄。聂卫平使中方获得首届擂台赛史诗般的胜利，成为擂台赛英雄。在人民大会堂举行庆功会，受到国家领导人隆重接见。在接下来的四届擂台赛中，聂卫平连赢 11 场，成为英雄式人物，被国家体委授予"棋圣"称号。"聂卫平"也成为一个时代符号。

1984 年 10 月至 1996 年 12 月，中日围棋擂台赛共进行了 11 届，结果中国队 7 胜 4 负，总战绩 71 胜 65 负。该赛事对中国围棋甚至世界围棋发展产生了很大影响，被认为是现代围棋最成功的比赛之一。中日围棋擂台赛是围棋历史上影响极大的赛事。中国围棋队胜多负少的总战绩压，正式破灭了"日本围棋不可战胜"的神话，不仅使围棋"重归故乡"，也让世界围棋完成了从"日本一枝独秀"到"世界多极化"的转换。

擂台赛对于中国围棋的影响尤其重大。聂卫平 11 连胜的神奇战绩，让围棋"衣锦还乡"，从尘封中彻底爆发，古老的围棋成了近乎大众的运动。通过中日围棋擂台赛，涌现出聂卫平、马晓春、常昊等明星，培养了数千万的棋迷，迅猛地扩大了围棋的影响。中国围棋今日的辉煌，擂台赛的胜利功不可没。

中国棋手在中日围棋擂台赛上的精彩表现，催生了世界围棋大赛的诞生。应氏杯世界职业围棋锦标赛、富士通杯世界职业围棋锦标赛在 1988 年应运而生。而在首届应氏杯上韩国棋手曹薰铉的夺冠，又引发了韩国围棋空前的热潮，围棋逐渐进入"三国演弈"时代，世界围棋进入了全新的快车道，围棋的火种转眼成为燎原。

多年过去，擂台赛余晖依然光芒万丈。2015 年是中日围棋擂台赛 30 周年。中国围棋界在浙江长兴举行了纪念活动。

擂台局棋谱：

聂卫平九段● 1 又 3/4 子胜 藤泽秀行九段○

1985 年 11 月 20 日 中国北京

第一届中日围棋擂台赛第十五局

黑贴 2 又 3/4 子

//1 ● 234 ○ 133/2 ● 443 ○ 344/3 ● 353 ○ 445/4 ● 435 ○ 436/5 ● 434 ○ 447/6 ● 463

○239/7 ●335○224/8 ●225○235/9 ●236○245/10 ●223○244/11 ●233○226/12 ●214○227/13 ●136○140/14 ●144○143/15 ●164○153/16 ●166○173/17 ●338○360/18 ●250○240/19 ●259○247/20 ●323○345/21 ●346○355/22 ●356○366/23 ●358○375/24 ●364○365/25 ●378○304/26 ●380○167/27 ●157○168/28 ●158○159/29 ●176○188/30 ●179○169/31 ●187○359/32 ●198○348/33 ●347○368/34 ●349○379/35 ●367○389/36 ●390○388/37 ●369○370/38 ●493○403/39 ●402○392/40 ●492○134/41 ●290○383/42 ●342○333/43 ●334○332/44 ●322○344/45 ●331○368/46 ●267○203/47 ●183○172/48 ●369○352/49 ●282○292/50 ●283○205/51 ●256○246/52 ●194○104/53 ●196○184/54 ●174○185/55 ●195○193/56 ●296○368/57 ●426○427/58 ●415○479/59 ●469○464/60 ●473○444/61 ●453○489/62 ●428○438/63 ●417○437/64 ●279○377/65 ●308○487/66 ●130○139/67 ●120○129/68 ●254○255/69 ●265○262/70 ●273○282/71 ●272○271/72 ●292○281/73 ●252○202/74 ●467○429/75 ●406○466/76 ●125○135/77 ●148○149/78 ●127○146/79 ●147○145/80 ●156○110/81 ●319○119/82 ●329○124/83 ●395○496/84 ●498○477/85 ●457○456/86 ●394○393/87 ●263○270/88 ●260○178/89 ●280○295/90 ●285○257/91 ●268○206/92 ●207○182/93 ●175○357/94 ●348○183/95 ●258○186/96 ●177○197/97 ●196○341/98 ●261○291/99 ●321○474/100 ●384○374/101 ●494○485/102 ●454○455/103 ●484○495/104 ●248○238/105 ●243○237/106 ●449○189/107 ●199○115/108 ●126○301/109 ●491○391/110 ●430○249/111 ●439○420/112 ●448○418/113 ●468○195/114 ●197○386/115 ●397○309/116 ●499○497/117 ●396○399/118 ●000○216/119 ●163○162/120 ●154○215/121 ●224○155/122 ●425○367/123 ●416///（共计 123 回合，245 手。●贴 2 又 3/4 子。●胜 1 又 3/4 子。）

二、韩流局

1987 年 8 月 17 日应昌期郑重宣布：首届应氏杯世界职业围棋锦标赛将邀请世界最强的 16 位棋手参加，从中决出世界冠军，冠军独得 40 万美元的奖金。应氏杯后，富士通杯、东洋证券杯、三星杯、LG 杯、春兰杯等世界职业围棋大赛相继出现，围棋世界呈现出前所未有的繁荣。1988 年被称为国际围棋元年。围棋泰斗吴清源九段说："应昌期先生是创办世界职业围棋锦标赛的第一人。"世界职业围棋今天的繁荣，离不开应昌期先生率先倡议并个人斥巨资举办应氏杯。应氏杯四年举办一次，是当今世界奖金最高的职业围棋赛，被围棋界称为世界棋坛的奥运会。截至 2016 年已经举办八届。应昌期去世后，他的独子应明皓延续了这项比赛。"应老先生为中国围棋登上最高峰，起到了非常重要的作用。"为围棋的世界化起到了重要作用。

1988 年 8 月 20 日，首届应氏杯世界职业围棋锦标赛在人民大会堂隆重开幕。经过激烈预赛、复赛和半决赛，聂卫平与曹薰铉进入决赛。冠军争夺战是五番棋。1989 年 4 月，聂卫平和曹薰铉在杭州战成 1∶1。5 月，聂卫平在宁波又胜一局，2∶1 领先。老聂只要再胜一局，就能夺冠。然而，一场特大风暴影响了棋局的进程。

应昌期先生曾一再强调："中国聂卫平九段在中日擂台赛打败日本棋手，中国棋手有能力与日本棋手相抗衡，有希望拿世界冠军了，是我下决心办应氏杯赛的一个重要原因。" 应昌期毫不隐瞒自己的心愿，就是希望聂卫平拿应氏杯。

应昌期（1917~1997 年）先生祖籍宁波市江北区慈城镇，是著名的金融家、实业家、围棋活动家、发明家、教育家、实干家。6 岁开始下围棋，12 岁参加慈溪县围棋比赛，获得冠军。一生嗜棋如命。围棋成为他生命中最重要的一部分。因创办应氏杯职业围棋赛，被誉为"黑白世界的诺贝尔""20 世纪中国围棋之父"。应昌期先生一生致力于振兴中国围棋。1952 年，台北恢复中华围棋会时，应昌期先生任总干事，后又任副会长、会长等职，出钱出力，致力于推广围棋事业数十年。他在台湾建立了职业围棋制度，举办了多项围棋赛事。1973 年，应昌期先生为了围棋规则的统一，创立了围棋《应氏规则》，发明了别具匠心典雅高贵的应氏棋具，成立了应昌期围棋教育基金会。

决赛后两局的比赛日程因故一再推迟，最后定于 1989 年 9 月在新加坡举行。

决赛之前，老聂飞赴香港，不是备战，而是打桥牌。他的一干好友为他准备了一场桥牌，名义上是帮其放松，实则有提前庆功之意。老聂是相当轻敌，宁波之后，3个月时间，依然闲云野鹤一般奔忙。中国棋院没有任何准备。相对落后的曹薰铉则是抓紧时间备战。韩国棋院专门成立了研究小组，为曹薰铉出谋划策。

香港桥牌尽兴之后，大家一哄而散，老聂独自从香港飞往新加坡参加决赛。

当时这一航线每天有五班，只有一班经停曼谷，偏偏那么巧，老聂坐的那趟飞机中途经停曼谷。老聂不明就里，航班在曼谷降落后，他以为新加坡到了，便高高兴兴地提着箱子准备出机场。过海关时签证不对，不能出关。如果可以出关可能又是一番情景。老聂不懂英文，只能干着急，一番折腾，方知事情原委。老聂这时候才发现大势不好。赶紧掉头找登机口。飞机是赶上了，但是这番折腾下来，出了一身大汗。登机后，机舱内的冷气一吹，老聂身体当时就出状况，到了新加坡即感冒发烧。应明皓回忆道："比赛前的晚上老聂还在吃药打针，感冒不是一般的严重。"

第二天进行的应氏杯决赛第四局，老聂在大优势下步步退缩，终以1点之差惜败；第五局曹薰铉完美发挥，弈得行云流水，中盘获胜，从而以3比2的比分夺冠。此结果让应昌期老先生颇不高兴。应明皓说："当时我父亲很生气，说只要香港那边打个电话过来，我从台湾派个人过去，专门陪聂卫平到新加坡，又算得了什么？这么多钱都花出去了，难道还在乎这点小钱？"应昌期先生气愤地说："聂卫平是代表国家参加应氏杯总决赛的，是要去争夺冠军的啊，怎么会出现这样的纰漏，这样的意外呢？"

应氏杯采用应氏计点制围棋规则。应氏规则黑贴8点，在当时围棋界是划时代的大事。最激烈的反对者大家可能想象不到，在比赛前夜，赵治勋上台发言："围棋的贴目本来没有，现在贴8点，以后贴15点也可以的吗?!"这句话一说，全场鸦雀无声。最后，吴清源表态："你们都想想应氏杯的历史意义，贴8点也是很好的尝试，我们共同参与下这个尝试。"吴清源一发表意见，大家终于不说话了。决赛番棋的时候，曹薰铉提出要跪在椅子上下。当时基金会工作人员不乏有想妥协的，但应昌期先生说：应氏围棋规则上说，下围棋要端坐！

曹薰铉夺得了首届应氏杯赛的世界冠军，在韩国引起了巨大的震动。一夜之间，曹薰铉成了韩国家喻户晓的英雄。韩国上下掀起了一股空前的围棋热。韩国围棋由此突飞猛进，进而逐渐取代日本，与中国相抗衡。棋盘上掀起了一股强劲的韩流，世界围棋也进入中日韩三国鼎立的新格局。

应昌期到底是一位具有远见卓识的企业家，他后来也对此事释然。应明皓说："我父亲后来也想通了，曹薰铉拿冠军让韩国围棋强大起来，也是一件大好事，不然，今天世界围棋也不可能形成三国演义的局面，现在日本围棋衰落后，只有韩国围棋与中国相抗衡，这其中也有首届应氏杯曹薰铉夺冠的功劳。"

特大风暴的影响，移师新加坡，沉迷桥牌，迷走曼谷等细节，和地震、核爆相比都是可以忽略的小事。没有全部身心放在围棋上是原因，没有获胜是结果。另外，曹薰铉就是获得亚军，韩国的围棋潮流依然会势不可挡地到来。只不过历史的细节将会是另外一种样子。

应昌期希望聂卫平拿应氏杯，可是阴差阳错，聂卫平与首届应氏杯冠军擦肩而过。而且，曹薰铉夺冠后，韩国棋手又连续称霸三届应氏杯赛。期间，还有过中国棋手退出第二届应氏杯赛的遗憾。聂卫平表示："在第二届应氏杯赛后，应昌期先生依然不离不弃，一如既往地举办应氏杯，一如既往地支持中国围棋，应昌期的大度，令人敬佩。"直到第五届应氏杯，常昊为中国棋手首次赢得应氏杯冠军，可惜彼时应老先生已离开人世而未能亲眼见证。应昌期儿子应明皓将常昊签名的决赛棋谱在父亲坟前焚化，告慰应老在天之灵。2017 年 10 月 23 日，应昌期先生诞辰 100 周年纪念会在上海举行，中国围棋名流悉数参加，追忆应昌期先生和围棋的过往。

2018 年举办活动纪念应氏杯 30 周年。聂卫平终于胜了曹薰铉，可是这个胜局怎能和 30 年前相提并论呢，已经无足轻重了。老聂说："我为韩国围棋的发展做出了巨大的贡献。曹薰铉九段在应氏杯决赛中获胜，使韩国围棋得到了飞跃性的发展。"

决赛中〇460 时，曹薰铉因为看到天大的馅饼掉在自己眼前，激动得难以自持。为了稳定情绪，他去洗手间待了十几分钟，等心情完全平静下来，才回到座位，走出决定性的●277。老聂只能中盘认输。

新加坡的第五局被韩国棋界评为"世纪十大名局"之首。

韩流局棋谱：

曹薰铉九段● 　中盘胜 　聂卫平九段○

1989 年 9 月 5 日 　新加坡

第一届应氏杯决赛第五局

黑贴 8 点

//1 ● 244 ○ 344/2 ● 443 ○ 144/3 ● 435 ○ 404/4 ● 336 ○ 338/5 ● 333 ○ 343/6 ● 334 ○ 345/7 ● 326 ○ 357/8 ● 163 ○ 146/9 ● 193 ○ 463/10 ● 483 ○ 484/11 ● 493 ○ 494/12 ● 403 ○ 393/13 ● 473 ○ 474/14 ● 462 ○ 464/15 ● 392 ○ 452/16 ● 383 ○ 394/17 ● 471 ○ 453/18 ● 438 ○ 206/19 ● 209 ○ 176/20 ● 289 ○ 459/21 ● 447 ○ 468/22 ● 189 ○ 439/23 ● 429 ○ 430/24 ● 207 ○ 196/25 ● 296 ○ 295/26 ● 286 ○ 294/27 ● 142 ○ 133/28 ● 286 ○ 194/29 ● 103 ○ 293/30 ● 104 ○ 185/31 ● 174 ○ 220/32 ● 330 ○ 328/33 ● 147 ○ 156/34 ● 137 ○ 136/35 ● 150 ○ 349/36 ● 167 ○ 166/37 ● 332 ○ 140/38 ● 149 ○ 132/39 ● 292 ○ 282/40 ● 201 ○ 433/41 ● 423 ○ 432/42 ● 422 ○ 273/43 ● 428 ○ 233/44 ● 234 ○ 243/45 ● 254 ○ 253/46 ● 237 ○ 268/47 ● 409 ○ 139/48 ● 129 ○ 159/49 ● 138 ○ 169/50 ● 170 ○ 160/51 ● 369 ○ 359/52 ● 368 ○ 157/53 ● 127 ○ 398/54 ● 308 ○ 389/55 ● 388 ○ 378/56 ● 387 ○ 379/57 ● 399 ○ 377/58 ● 397 ○ 288/59 ● 279 ○ 278/60 ● 298 ○ 265/61 ● 256 ○ 275/62 ● 223 ○ 225/63 ● 224 ○ 227/64 ● 236 ○ 226/65 ● 264 ○ 274/66 ● 263 ○ 262/67 ● 232 ○ 241/68 ● 269 ○ 258/69 ● 238 ○ 228/70 ● 249 ○ 259/71 ● 240 ○ 449/72 ● 450 ○ 460/73 ● 277///（共计 73 回合，145 手。●贴 8 点。●中盘胜。）

三、核爆局

有在战场上下棋的，有在地震中下棋的。最著名的是在核爆下下棋。被称为史上最搏命的对局。"日本两棋手顶着原子弹爆炸，下完一盘棋"对局本身并不是多么精彩，而是严苛的对局环境，提升了对局的意义。所谓围棋常见，原子弹不常见，原子弹爆炸更不常见。

无论战场也罢，地震也罢，核爆也罢，都是已经发生的大环境。棋手对大环境无能为力，所能做的只有专心致志地下上一盘棋。不论是否鸿鹄将至，决不思援弓缴而射之。若论环境对棋手的考验，莫过于关公刮骨疗伤的棋局。

一把青龙偃月刀，一匹千里赤兔马。过五关斩六将，温酒斩华雄。这是对关公最深刻的印象。还有就是关公刮骨疗伤。在《三国演义》第七十五回，关公中箭受伤，箭是毒箭。正四处慌忙寻医时，从江东来了一叶小舟，上面有个人，自称华佗，仰慕将军大名日久，今特地赶来治病。那时关公正与马良下棋。闻华佗来，赶紧起身接待。华佗在医治前，说道："需要把您的胳膊绑住，还要蒙住您的眼睛。"关公说："不用。"还特地设宴华佗，安慰他道："先生只管医治。"说完，和马良下着棋，喝着酒，神情自若，丝毫没有受到影响。一旁的人见华佗用刀割开皮肉，又用刀刮骨头，全都吓得直捂住眼睛，而关公谈笑风生，落子自如。手术结束，华佗说道："将军真乃神人。"在历史上，刮骨疗伤的主刀人不是华佗，而是不知名的神医。也不是和马良下棋，而是和诸多将领喝酒吃肉。《三国志》中记载：羽尝为流矢所中，贯其右臂，后创虽愈，每至阴雨，骨常疼痛。医曰："矢镞有毒，毒入于骨，当破臂作创，刮骨去毒，然后此患乃除耳。"羽便伸臂令医劈之。时羽适请诸将饮食相对，臂血流离，盈于盘器，而羽割炙引酒，言笑自若。

传说中以棋替酒，意图增加围棋的神奇，更增关公的文化魅力。

和围棋联系起来的还有一位著名的文化人物。《三字经》中有"融四岁，能让梨"。孔融乃孔子第三十二代孙，建安七子之首。

传说东汉末年，曹操挟天子以令诸侯，独断专行。朝中重臣孔融为人狷介耿直，多次指陈曹操的不是，令曹操又忌又恨。建安十三年，曹操暗中授意属下诬告孔融图谋不轨，判处其弃市之刑。"孔融被收，中外惶怖。时融儿大者九岁，小者八岁，二儿故琢钉戏，了无遽容。融谓使者曰：'冀罪止于身，二儿可得全不？'儿徐进曰：'大人，岂见覆巢之下，复有完卵乎？'寻亦收至。"孔融被捕时，他两个儿子在家里下棋。"琢钉戏"其实并不是下围棋，但是现在的人们一厢情愿地认为他们是在下围棋。孔融为子求情："希望只抓我一人，两个儿子就别动了。"儿说："覆巢之下，安有完卵？"果真，抓捕两个孩子的差役，随后就来了。（《世说新语》）

历史记载确实和围棋有关系的一个场景，是围棋将军王景文的一局棋。

宋明帝泰豫元年（公元 472 年），明帝刘彧病情加重。刘彧，正史上记载的中国古代唯一一个借种生子的皇帝，一生足够奇葩。"上疾笃，虑晏驾之后，皇后临朝，江安懿侯王景文以元舅之势，必为宰相，门族强盛，或有异图。"王景文，王彧（413~472 年），字景文，琅琊临沂人。祖父王穆、伯父王智、父王僧朗均居高位。他先后事宋四帝，历任太子舍人、宣城太守、司徒左长史、秘书监、太子右卫率、侍中、中书令、中军将军、安南将军、常侍、仆射、中书监、扬州刺史等。为文帝刘义隆钦重，为子娶其妹，并用"彧"字取名。及至明帝刘彧即位，王彧就只能以字相称。王景文时为扬州刺史，他妹妹王贞凤是宋明帝的皇后，善专权，喜围棋。明帝临死之前，担心王氏家族得势，惧怕王景文有异图，便赐姐夫王景文毒药。"己未，遣使赍药赐景文死，手敕曰：'与卿周旋，欲全卿门户，故有此处分。'"小舅子明帝还挺有理由，亲笔诏书：我与你相处很久了，为了保全你们王家，特地作这个安排。"敕至，景文正与客棋，叩函看已，复置局下，神色不变，方与客思行争劫。局竟，敛子内奁毕，徐曰：'奉敕见赐以死。'方以敕示客。中直兵焦度赵智略愤怒，曰：'大丈夫安能坐受死！州中文武数百，足以一奋。'景文曰：'知卿至心。若见念者，为我百口计。'乃作墨启答致敕谢，饮药而卒。"于是研墨著书，回禀圣上，感谢小舅子考虑的周道，安排的妥当，臣遵旨。写完之后，大丈夫从容赴死。明帝下诏追赠王景文为开府仪同三司。司马、司徒、司空。仪同三司，享受三司待遇。（《资治通鉴》第 133 卷）

开府仪同三司王景文的临终棋局可惜没有棋谱传世。

日本是围棋的第二故乡。围棋不传到日本，就不会有今日的模样。日本民族以其执着的追求和独特的气质赋予了围棋新生命。日本民族执着、认真、尚武、好斗，赋予了围棋浓烈的火药味。棋士为了围棋的名誉殊死博弈。以性命赌棋，拼热血而争。日本民族以其心血养育着围棋之花，以其武士气概改变了围棋的面貌。留下了一局局名垂史册的对局。小说家川端康成在关于围棋的小说《名人》中说：日本的精神，超过了模仿。

1945 年 8 月 6 日上午 8 时 16 分 43 秒，美国在日本广岛投下了代号"小男孩"的原子弹，核爆结束了 20 万人的生命。

在核爆之下，两位日本棋士完成了历史赋予他们的对局。

　　日本围棋界有个历史悠久的"本因坊战"，"二战"期间也没有中止。到了1945年，正值第3期"本因坊战"决赛举行。对局的双方，一个是本因坊头衔拥有者桥本宇太郎，一个是挑战者岩本薰。著名的"原爆下的对局"是这次本因坊的第二局，连下三天，直到8月6日原子弹爆炸。

　　进入1945年后日本本土处处挨炸，到了5月，美军轰炸机把东京的日本棋院本部炸成了废墟，于是，本因坊六番棋决赛就转移到广岛举行。

　　关于原子弹爆炸当天的细节，桥本宇太郎在《围棋专业五十年》的自传中记载："对局前两日平安无事，第三天空袭警报解除后，双方立即着手对局。不久空中掠过一架美军飞机，随即飘落一个降落伞，霎那间一片闪光直射大地，对局室白得煞人，接着乌云翻卷，狂风夹杂着雨点直扑对局室，门窗玻璃全被震碎，濑越木然坐在席上，岩本全身匍匐在棋盘上，他则被甩到室外……"慨叹了几句这颗炸弹的威力后，清扫收拾好狼藉一片的对局室，两个棋手继续坐下来下棋，直到中午才结束，最终桥本以5目获胜，将比分扳成1∶1。日本投降后两人继续下完剩下的对局，最终岩本薰挑战成功。

　　从第二局棋的内容看，平平淡淡，但因为原子弹而成为日本的历史名局。

　　现在的网上却在怀疑原子弹是不是真实的？广岛的核辐射是不是还存在？怀疑核爆，怀疑辐射，或许不是拿上一个手持的盖革计数仪能够释疑的。幸亏有这局棋的棋谱存在，就像传统话本小说里常常出现的有诗为证，我们有棋谱为证。

　　核爆局棋谱：

　　　　岩本薰七段●　5目负　桥本宇太郎本因坊○

　　　　1945年8月4~6日　日本广岛五月花市

　　　　日本第三期本因坊战决赛第二局

//1 ● 234 ○453/2 ● 254 ○145/3 ● 344 ○336/4 ● 364 ○434/5 ● 143 ○273/6 ● 155 ○156/7 ● 154 ○147/8 ● 135 ○136/9 ● 125 ○430/10 ● 238 ○176/11 ● 126 ○138/12 ● 303 ○450/13 ● 357 ○483/14 ● 424 ○444/15 ● 458 ○438/16 ● 478 ○495/17 ● 476 ○446/18 ● 335 ○374/19 ● 375 ○384/20 ● 363 ○385/21 ● 382 ○497/22 ● 460 ○259/23 ● 269 ○268/24 ● 289 ○278/25 ● 406 ○496/26 ● 499 ○376/27 ● 365 ○398/28 ● 399

○389/29●390○380/30●308○388/31●198○189/32●107○246/33●257○256/34
●236○247/35●237○325/36●324○345/37●334○338/38●456○243/39●244
○253/40●264○263/41●233○203/42●294○293/43●449○439/44●440○469/45
●479○286/46●285○297/47●206○288/48●447○437/49●425○423/50●464
○455/51●436○445/52●339○320/53●407○399/54●463○393/55●392○304/56
●493○482/57●465○462/58●472○452/59●473○494/60●492○173/61●359
○349/62●377○491/63●402○484/64●471○387/65●366○386/66●350○199/67
●296○276/68●265○249/69●459○470/70●468○480/71●489○490/72●481
○152/73●142○284/74●275○204/75●295○326/76●128○129/77●127○153/78
●144○314/79●313○315/80●323○426/81●266○267/82●229○232/83●222
○242/84●174○184/85●139○130/86●149○120/87●175○172/88●177○158/89
●166○169/90●221○141/91●131○151/92●132○347/93●146○157/94●137
○108/95●185○487/96●194○183/97●461○477/98●467○451/99●454○443/
100●159○168/101●188○195/102●105○193/103●448○360/104●369○378/
105●367○178/106●186○100/107●309○373/108●372○219/109●218○210/
110●379○370/111●355○346/112●231○241/113●274○283/114●119○110/
115●117○248/116●245○148/117●163○162/118●164○475/119●196○474/
120●466○486///（共计 120 回合，240 手。●贴 4 目半。○胜 5 目。）

四、百日局

这是一局长达 106 天的对局，在这么长的时间里，●○双方都在反复地研究思考，下出最好的着法。

对局者是吴清源五段和本因坊秀哉名人。

吴清源惊世骇俗的开局之后，始终占据优势。局棋经过十四回"打挂"暂停。每次都是执黑的吴清源走到秀哉不知道如何应对的位置之后，秀哉名人宣布"打挂"。"打挂"时长不定，或者几天，或者十几天。当时没有"封棋制度"，这样秀哉就获得了十四次长考的机会。而且每次"打挂"期间，秀哉和本因坊众门徒聚集研究。有位门徒发现了一步"妙手"，秀哉才以二目小胜。如同唐·吉诃德骑士大战风车，吴清源棋士在不公平的赛制下挑战整个本因坊。

吴清源，姓吴名泉字清源，1914 年生于福建，同年移居北京。7 岁那年，吴清源从留日的父亲那里学会了围棋。年仅 13 岁之时，已隐然有中国顶尖高手之势。1928 年，14 岁东渡日本学弈。吴清源在日本孤身一人，仅凭一己之力，在空前绝后的十次十番棋中，战胜了日本最顶尖的超级棋士。从此，吴清源成为当之无愧的棋坛第一人，被誉为"昭和棋圣"。1939~1956 年，被称为"吴清源时代"。1986 年，由于著名物理学家杨振宁的积极推荐，香港中文大学决定授予吴清源"荣誉文学博士"称号。有人曾问金庸："古今中外，你最佩服的人是准？"金庸不假思索答复道："古人是范蠡，今人是吴清源。"因为金庸认为吴清源有"极高的人生境界"，"他的奕艺，有哲学思想和悟道作背景，所以是一代的大宗师，而不仅仅是二十年中无敌于天下的大高手。大高手时见，大宗师却千百年而不得一。"

1933 年，吴清源 19 岁，升为五段。这年春季比赛中得第二名，秋季比赛中与木谷实并列第一。同年，读卖新闻社发起优秀选手选拔赛，吴清源在选拔赛中连胜劲敌木谷实和桥本宇太郎，取得与秀哉名人进行最后对决的权利。

吴清源正是"新布局"的巅峰时期，开局走出●233●344●000，这三手棋都与本因坊的布局教条格格不入。尤其是第一手的●233，更是本因坊的"禁手"。因此本因坊的棋士个个怒气冲冲，就连一般棋迷也是大吃一惊。吴清源的师父濑越宪作十分担心：打出这样罕见的布局，恐怕不到 100 手就会溃不成军。

社会棋迷分成两派。一派连连喝彩，认为是对旧传统的挑战；另一派则认为 33、00 是对名人的不礼貌，"岂有此理"，抗议的信件像雪片一般飞到读卖新闻社。日本棋界震惊之余表达愤怒："这是对名人的失礼"。吴清源赛后说："我是中国人，感觉不到名人传统权威的沉重压力，所以就按自己的思路下了。"

11●170 后，秀哉微笑着说："左下的黑模样，有百目左右。"吴清源局后反省，认为 11●170 稍缓。应该 11●264○248/12●240 这样○不轻松。

54●353 后，○打挂。至此○已经暂停 7 次。这是第八次重新开始对局。时间是 12 月 4 日，棋局已经进行了整整 50 天。开局后，秀哉名人思考了 24 分钟，下了 54○356。吴清源仅仅思考了 2 分钟，应了 55●366。此后秀哉名人陷入长考，过了 3 小时 37 分钟，到了下午 4 点暂停时间，秀哉再未落子。因此这一回合只下了两手棋。原因是 53○373 后，●略占优势。秀哉及徒弟们研究了 7 天，仍未找到扭转的对策。秀哉名人只得继续祭起"打挂"的大招，拖延时间，以便继续商讨对策。

从前八次暂停看，秀哉往往在关键时刻宣布"打挂"，回家召集门徒研讨对策。这样明显对秀哉有利。而吴清源孤身一人，只能以一己之力应对本因坊的强大团队。这样的赛制，引起了一些良心人士的强烈不满，纷纷呼吁终结这种名人"打挂"的特权。木谷实说："这盘棋完全只给白棋以有利条件，是极不公平的对局"。这局棋以后，长达 300 余年的"打挂"特权终于寿终正寝。开始采用"封棋制度"和"同恳一馆，闲人免进"的方式。从这一点说，这局棋也有改变制度的划时代意义。

80●364 后，○又开始漫长的"打挂"。秀哉众门徒集思广益，研究出 80○388 的妙手。80○388 的妙处是●无法吃住 80○388。

吴清源苦思 1 小时 20 分钟，应以 81●398。

实际上 80○388 真是天赐妙手，只要一打在棋盘上，●的败局已定，无可挽回。

吴清源说："这盘棋，在我所下的所有棋中，也许是最有名的。"这局棋被誉为"世纪第一名局"。

百日局棋谱：

吴清源五段●　本因坊秀哉名人○

1933 年 10 月 16 日至 1934 年 1 月 29 日　日本东京

《读卖新闻》名人挑战赛终局

//1 ● 233 ○134/2 ● 344 ○443/3 ● 000 ○244/4 ● 234 ○245/5 ● 252 ○436/6 ● 404 ○483/7 ●340 ○154/8 ●485 ○463/9 ●493 ○484/10 ●495 ○138/11 ●170 ○363/12 ●365 ○393/13 ● 374 ○333/14 ● 334 ○343/15 ● 264 ○248/16 ● 240 ○265/17 ● 275 ○276/18 ●266 ○267/19 ●255 ○256/20 ●265 ○260/21 ●457 ○277/22 ●295 ○183/23

●438○428/24 ●427○429/25 ●425○447/26 ●438○439/27 ●448○446/28 ●449○430/29 ●468○249/30 ●434○456/31 ●466○465/32 ●475○454/33 ●432○433/34 ●423○442/35 ●422○476/36 ●467○487/37 ●488○494/38 ●474○473/39 ●394○303/40 ●499○336/41 ●354○330/42 ●339○349/43 ●338○348/44 ●139○120/45 ●129○149/46 ●150○128/47 ●147○159/48 ●160○337/49 ●319○119/50 ●358○324/51 ●226○335/52 ●237○228/53 ●203○373/54 ●353○356/55 ●366○352/56 ●362○342/57 ●383○382/58 ●384○372/59 ●163○193/60 ●143○133/61 ●174○185/62 ●175○105/63 ●184○194/64 ●186○294/65 ●285○293/66 ●257○258/67 ●247○357/68 ●359○367/69 ●377○272/70 ●132○153/71 ●152○144/72 ●142○172/73 ●123○124/74 ●122○262/75 ●251○162/76 ●151○178/77 ●106○195/78 ●166○189/79 ●187○355/80 ●364○388/81 ●398○108/82 ●168○169/83 ●180○196/84 ●198○199/85 ●197○107/86 ●109○167/87 ●296○190/88 ●399○188/89 ●176○479/90 ●146○478/91 ●417○419/92 ●477○147/93 ●289○457/94 ●486○469/95 ●497○368/96 ●378○450/97 ●238○229/98 ●136○156/99 ●179○158/100 ●155○157/101 ●145○126/102 ●323○322/103 ●441○451/104 ●431○453/105 ●325○313/106 ●316○326/107 ●317○315/108 ●227○279/109 ●239○288/110 ●298○280/111 ●220○329/112 ●218○210/113 ●127○115/114 ●137○117/115 ●165○173/116 ●164○135/117 ●297○273/118 ●299○369/119 ●284○283/120 ●379○329/121 ●328○261/122 ●263○177/123 ●161○171/124 ●113○114/125 ●287○278/126 ●335○489/// (共计126回合, 252手。○胜2目。)

五、握手局

握手言和的棋局比较罕见。因为罕见, 所以人们把和局称为是围棋中的珍品。

围棋和局理论上至少有三种可能: 第一种是纯粹的双方目数相同的和局, 是最为罕见的; 第二种是出现长生劫; 第三种是双劫循环、三劫循环、四劫循环, 双方同意和棋。还有一种网上出现的和棋, 是一方有事, 建议不下了, 要求和棋, 经过对方同意出现的和局, 呵呵, 那不是我们讨论的和棋。

第一种和棋现实中没有看到过。现实见到的和棋，一般都是三劫循环，经过双方同意，裁判裁定和局。一般裁定和局后都是马上加赛，决出胜负。

长生，是围棋中一个很特殊的棋形。它虽然和普通的劫不一样，但又有一丝劫的味道，如果对局双方互不退让，就会形成循环往复的结果，因此又被称为长生劫。

长生在围棋对局中极为罕见，迄今为止，正式的职业比赛中仅出现了三例。如果能够在实战中下出长生之型，棋手都会觉得是自己的荣耀，对棋界而言，也是一件雅事。

1993 年日本第 49 期本因坊循环圈第一轮比赛中，林海峰执黑和小松英树弈出长生之型。

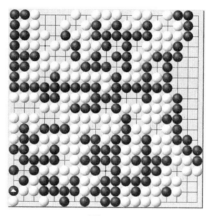

图 4-1

左下角，3 区，●312 开劫，○351 叫吃●8 子，●331 提子，○313 打劫，●321，○341，●312，形成长生劫。当前形势，双方无可退让，最终都不求变，弈成和棋。这是职业围棋有史以来第一例长生型。吴清源感言："这是围棋界的一件大喜事。"

2009 年第 23 届富士通杯日本预选赛中，王铭琬九段与内田修平三段也下出了长生棋形，这是围棋史上第二盘长生无胜负对局。

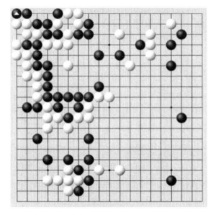

图 4-2

左上角，1 区，也是一个长生劫。因为关系到 1 区双方棋阵的死活，双方无可退让，以无胜负的和棋终局。

2013 年韩国围棋联赛中，安成浚和崔哲瀚也下出了长生变化。

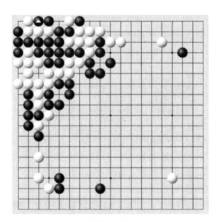

图 4-3

关于长生劫和循环劫的示例：

1 区，左上角，是长生劫。

2 区，右上角，是三劫循环。

3 区，左下角，是四劫循环。

4 区，右下角，是双劫循环。

以上都是循环劫。

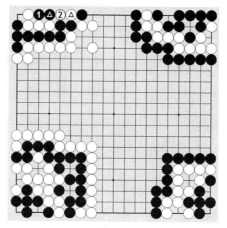

图 4-4

现在中国围棋规则虽然增加了禁全局同型的条文，从规则上避免了三劫循环、长生等导致比赛出现无胜负结果的情况发生。但在实际操作中，对于实战中出现的多劫循环，棋手都是默认和棋，裁判也不会异议，禁全局同型这个规则尚未得到严格实施。近年来三劫循环的情况出现过数次。对于职业棋手来说，下出三劫循环、长生等罕见棋形是一件值得纪念的喜事。但是在过去的日本，认为出现三劫循环是不吉利的。

最早有记载的三劫局是一世本因坊算砂应织田信长之邀与另一个高手鹿盐利玄在本能寺的对弈。《坐隐谈丛》这样记叙："日海、利贤对弈，棋势变幻，妙手叠出，最后出现了'三劫'。本来'三劫'这样的棋形在寻常对局中难能出现，于是双方达成协议将其作为无胜负的平局，但皆为此棋的出现惊讶不已。"但是，就在当天晚上发生了本能寺之变，织田信长自尽身亡。从此，三劫循环或循环劫局面被视为不祥之兆。

过去日本认为出现和棋是"卑怯"的。认为是有意制造的"造和棋事件"。雁金入坊门后不久，正巧田村保寿要升七段，于是《时事新报》便请二雄对弈一局，并由本因坊秀荣讲评，即日见报，以奉棋迷。终局后，秀荣为了讲评，把棋谱细细看了一遍，不由狐疑道："此局明明是黑棋一目胜，却莫名其妙走成和棋，莫非其中有诈？"便召雁金过来问话。雁金知道难逃秀荣法眼，只得供认道："田村君升七段的宣布会即将召开，会前如登出他的输棋怕面子不好看，所以田村君说此局不能输，请求和局。我本来不肯，但田村君又叫竹内君来再三强求，出于无奈，我只得同意作和棋。"秀荣听了大怒，痛骂保寿是"卑怯奴"。他原就对保寿有成见，此后便越发白眼相待了。事实上，当时保寿棋力实在雁金之上，但凡事总有万一，更因此棋要登报公之于众，故保寿在庆祝升七段之前不能不考虑声誉问题。何况"作和棋"也并非保寿之独创，在德川幕府时代，出于种种原因，棋士间作和棋的例子比比皆是。

现在循环劫局面的迷信色彩已经大为淡化，赵治勋曾经三次通过制造三劫循环局面而将比赛拖入加时赛，并最终取胜。第十届三星杯半决赛决胜局，罗洗河也打破三劫循环局面，击败崔哲瀚，并最终战胜李昌镐获得三星杯冠军。

2005 年的 9 月 11 日，第二届世界围棋巅峰对决，常昊和李昌镐两位老对手再次相遇，双方大战 369 手，竟下成四劫循环的罕见局面，双方握手言和，原本 3 万美元和 2 万美元的冠亚军奖金也由两人平分。

这局棋被誉为最完美的和棋。

比赛是在湖南省凤凰县南长城举行，声势浩大，带有旅游推广的意义。凤凰南长城上锣鼓阵阵，三个城垛上狼烟冲天，《一子落定天下谈》的主题歌在群山回响。华以刚八段、徐莹五段这对金牌讲棋搭档身穿苗族服装准备大盘讲解。马晓春和古力各自率领上百人的业余队已经开始了他们的联棋对抗。马晓春头戴一顶"棋行大地，天下凤凰"的帽子，说：我们现在下的是快乐围棋！阵容庞大的少林武童表演结束后，评书大家单田芳开讲："列位看官，这盘棋的对阵双方的名头那可了不得，但见这位，面色凝重，直背挺腰，坐定如松，一眼望去，有股不怒自威的霸气，这便是目前手握 17 项世界大赛冠军称号的世界围棋第一人李昌镐。再看另一位，生得那是天庭饱满，地阁方圆，剑眉杏目，鼻直口方，玉树临风，说不尽的一身风流倜傥，这便是有中国围棋少帅之称，今年应氏杯新科状元——玉面小诸葛常昊。"单先生评书似乎要把现场带回武林大比武的氛围。

前半盘李昌镐"表演"过分，三块孤棋都处于受攻状态，常昊只需顺势揪住一块即可轻松获胜。马晓春半带玩笑地说："李昌镐已经和过去有点区别，今天下得不咋的。"话音未落，常昊就打了一个大勺子，这手棋就连现场讲棋的华以刚都看出来了，他很奇怪："常昊为什么不扳出来，而是自己连了一手呢？李昌镐这样不是很舒服地全部连回家了吗?"勺子一出,大好形势毁于一旦,李昌镐瞬间扭转了局面。

后面的进程火爆异常。两人短兵相接,均不留一点退路。激战中,常昊再次出现失误,中腹大块反被李昌镐吃进;作为补偿,常昊吃住了李昌镐的整个左上角。虽然在目数得失上,常昊并不吃亏,可是李昌镐是在摆脱三块大棋受攻的困境下,吃进白棋大块的,两相比较,李昌镐获得大利。局后常昊说,这个时候他已感觉要输了。两人的保留用时都快用完,因为实行的是每方50分钟的包干制。赛后李昌镐说,这时候他也很不适应,害怕输掉比赛。无暇细算,当常昊开劫时,李昌镐决然应劫,结果形成四劫循环,最后弈成和棋。

赛后,两名棋手都大呼时间紧张。将纸扇扇得呼呼作响的常昊坦言比较幸运,他复盘后表示,如果李昌镐选择补掉左边的连环劫,放弃另外两个劫的话,那还是黑棋的胜局。而满头大汗的李昌镐也表示,自己实在是没有时间点目,在看不清如果退让还能不能赢的情况下,就坚持打劫了,最后索性同意和棋。

"这个结果最好了!百年难遇!这比我想到的最好结果还要好!"比赛一结束,本次活动总策划叶文智就高兴地说道。张璇也说:"这是最好的结果。"问她原因,她说:"这是常昊19年职业围棋以来的第一盘和棋,何况还是和李昌镐一起下出来的。"

握手局棋谱:

李昌镐●　常昊○

2005年9月11日　湖南省凤凰县南长城

第二届世界围棋巅峰对决

//1 ● 234 ○143/2 ● 444 ○344/3 ● 145 ○254/4 ● 164 ○246/5 ● 253 ○263/6 ● 243 ○264/7 ● 152 ○225/8 ● 224 ○436/9 ● 463 ○125/10 ● 134 ○139/11 ● 104 ○449/12 ● 336 ○335/13 ● 346 ○363/14 ● 339 ○124/15 ● 133 ○146/16 ● 156 ○135/17 ● 144 ○147/18 ● 333 ○325/19 ● 352 ○353/20 ● 343 ○362/21 ● 354 ○326/22 ● 327 ○345/23 ● 355 ○337/24 ● 347 ○338/25 ● 328 ○356/26 ● 357 ○366/27 ● 139 ○248/28 ● 324 ○365/29 ● 493 ○149/30 ● 435 ○426/31 ● 226 ○227/32 ● 236 ○237/33 ● 245 ○216/34

● 235 ○ 256/35 ● 284 ○ 473/36 ● 474 ○ 464/37 ● 472 ○ 453/38 ● 483 ○ 454/39 ● 446
○ 447/40 ● 456 ○ 462/41 ● 475 ○ 433/42 ● 425 ○ 437/43 ● 452 ○ 473/44 ● 443 ○ 442/45
● 432 ○ 451/46 ● 423 ○ 482/47 ● 463 ○ 422/48 ● 431 ○ 473/49 ● 255 ○ 265/50 ● 463
○ 413/51 ● 434 ○ 473/52 ● 266 ○ 276/53 ● 463 ○ 195/54 ● 149 ○ 140/55 ● 130 ○ 159/56
● 148 ○ 138/57 ● 158 ○ 157/58 ● 168 ○ 167/59 ● 177 ○ 166/60 ● 492 ○ 194/61 ● 193
○ 183/62 ● 182 ○ 150/63 ● 178 ○ 170/64 ● 176 ○ 120/65 ● 137 ○ 136/66 ● 329 ○ 129/67
● 127 ○ 128/68 ● 378 ○ 179/69 ● 367 ○ 175/70 ● 198 ○ 190/71 ● 105 ○ 165/72 ● 106
○ 398/73 ● 389 ○ 199/74 ● 399 ○ 309/75 ● 308 ○ 108/76 ● 298 ○ 107/77 ● 196 ○ 397/78
● 297 ○ 299/79 ● 499 ○ 100/80 ● 376 ○ 498/81 ● 307 ○ 396/82 ● 497 ○ 375/83 ● 386
○ 385/84 ● 395 ○ 306/85 ● 379 ○ 304/86 ● 278 ○ 267/87 ● 495 ○ 305/88 ● 393 ○ 394/89
● 488 ○ 197/90 ● 110 ○ 117/91 ● 322 ○ 342/92 ● 332 ○ 351/93 ● 316 ○ 315/94 ● 314
○ 364/95 ● 369 ○ 192/96 ● 180 ○ 189/97 ● 103 ○ 172/98 ● 184 ○ 185/99 ● 186 ○ 174/
100 ● 289 ○ 122/101 ● 102 ○ 181/102 ● 416 ○ 417/103 ● 415 ○ 494/104 ● 484 ○ 487/
105 ● 496 ○ 290/106 ● 188 ○ 280/107 ● 270 ○ 479/108 ● 489 ○ 478/109 ● 498 ○ 260/
110 ● 279 ○ 476/111 ● 485 ○ 392/112 ● 262 ○ 272/113 ● 252 ○ 283/114 ● 367 ○ 477/
115 ● 466 ○ 468/116 ● 215 ○ 217/117 ● 269 ○ 250/118 ● 382 ○ 303/119 ● 302 ○ 383/
120 ● 391 ○ 372/121 ● 393 ○ 232/122 ● 233 ○ 392/123 ● 123 ○ 113/124 ● 393 ○ 334/
125 ● 313 ○ 392/126 ● 112 ○ 111/127 ● 393 ○ 287/128 ● 286 ○ 392/129 ● 277 ○ 185/
130 ● 288 ○ 294/131 ● 393 ○ 295/132 ● 296 ○ 392/133 ● 293 ○ 274/134 ● 393 ○ 388/
135 ● 377 ○ 392/136 ● 114 ○ 115/137 ● 393 ○ 348/138 ● 349 ○ 392/139 ● 121 ○ 131/
140 ● 393 ○ 424/141 ● 414 ○ 392/142 ● 427 ○ 428/143 ● 393 ○ 312/144 ● 311 ○ 392/
145 ● 119 ○ 126/146 ● 393 ○ 473/147 ● 481 ○ 392/148 ● 258 ○ 381/149 ● 257 ○ 247/
150 ● 301 ○ 457/151 ● 282 ○ 181/152 ● 292 ○ 317/153 ● 161 ○ 171/154 ● 331 ○ 341/
155 ● 359 ○ 465/156 ● 445 ○ 259/157 ● 268 ○ 191/158 ● 266 ○ 471/159 ● 463 ○ 267/
160 ● 458 ○ 469/161 ● 266 ○ 473/162 ● 461 ○ 267/163 ● 291 ○ 273/164 ● 266 ○ 471/
165 ● 463 ○ 267/166 ● 319 ○ 118/167 ● 266 ○ 473/168 ● 461 ○ 267/169 ● 101 ○ 387/
170 ● 266 ○ 471/171 ● 463 ○ 267/172 ● 171 ○ 161/173 ● 266 ○ 473/174 ● 461 ○ 267/
175 ● 318 ○ 486/176 ● 316 ○ 471/177 ● 463 ○ 317/178 ● 266 ○ 473/179 ● 461 ○ 267/

180●316○471/181●463○317/182●266○473/183●461○267/184●316○471/185●463///（共185回合，369手。四劫循环无胜负，和棋。）

六、战狗局

围棋领地忽然来了一只狗，把人类的顶尖高手统统虐了一遭。狗是什么狗？狗是阿尔法狗（AlphaGo），是人工智能围棋机器人，昵称围棋狗。开发 AlphaGo 的是谷歌（Google）旗下 DeepMind（深度学习）公司戴密斯·哈萨比斯团队。

2016年1月27日，国际顶尖期刊《自然》封面文章报道，谷歌研究者开发的名为"阿尔法围棋"（AlphaGo）的人工智能机器人，在没有任何让子的情况下，以5：0完胜欧洲围棋冠军、职业二段樊麾。在围棋人工智能领域，实现了一次史无前例的突破。电脑程序能在不让子的情况下，在完整的围棋竞技中击败专业选手，这是第一次。这个报道波澜不惊，没有多少人注意。

2016年3月9日到15日，阿尔法围棋程序挑战世界围棋冠军李世石的围棋人机大战五番棋在韩国首尔举行。比赛采用中国围棋规则。"阿尔法围棋"（AlphaGo）的人工智能机器人，一下引爆人类的眼球。"阿尔法狗"（AlphaGo）一举成名，进入大众视野。最终"阿尔法狗"（AlphaGo）以4：1取得了胜利。"阿尔法狗"（AlphaGo）输掉的一局根本不值得人类傲娇。也说不定是研发团队故意放水，给人类留一点点面子。只有人类需要面子。只不过在"阿尔法狗"（AlphaGo）面前，人类棋手再不会有任何机会了。这一点是所有的没有丧失理智的人再清楚不过的了。

其实还有一场网上狂欢。以人类的完败而告终。2016年12月29日起到2017年1月4日，阿尔法围棋在弈城围棋网和野狐围棋网以"Master"（大师）为注册名，依次对战60位人类顶尖围棋高手，取得60胜0负的辉煌战绩。

2017年5月23日到27日，在中国乌镇围棋峰会上，阿尔法围棋以3比0的总比分战胜排名世界第一的世界围棋冠军柯洁。在这次围棋峰会期间的2017年5月26日，阿尔法围棋还战胜了由陈耀烨、唐韦星、周睿羊、时越、芈昱廷五位世界冠军组成的围棋团队。

乌镇第二局，是柯洁与"阿尔法狗"（AlphaGo）三番棋的赛点，柯洁似乎有一线希望，其实可能毫无希望。柯洁下满三局，是柯洁难得的一次向狗学习的机会。柯洁自从战过狗之后，棋力大增，似乎窥到天机，从此所向披靡。和柯洁对过局的"阿尔法狗"（AlphaGo）固定称为"柯狗"。和李世石对过局的"阿尔法狗"（AlphaGo）固定称为"李狗"。和柯洁对决的并不是一年前和李世石对决的AlphaGo 了，而是升级版的 AlphaGo。据 DeepMind 的创始人戴密斯·哈萨比斯（Demis Hassabis）透露，"柯狗"比"李狗"快 10 倍。

围棋界公认阿尔法围棋的棋力已经超过人类职业围棋顶尖水平，在 GoRatings 网站公布的世界职业围棋排名中，其等级分曾超过排名人类第一的棋手柯洁。所有职业棋手们的围棋信仰都从此受到巨大挑战。

2017 年 5 月 27 日，在柯洁与阿尔法围棋的人机大战之后，阿尔法围棋团队宣布"阿尔法狗"（AlphaGo）将不再参加围棋比赛。宣布退出江湖，不跟人类玩儿了。闭关修炼。

短短几个月过去。

2017 年 10 月 18 日，DeepMind 公司公布了最强版阿尔法围棋，代号 AlphaGo Zero（阿尔法狗·零）。

没几天，有一条新闻耸人听闻：

"还记得那个横扫围棋界的 AI '阿尔法狗'吗？它输了……"

2017 年 10 月 23 日，谷歌团队宣布他们的新围棋 AI "阿尔法狗·零"（AlphaGo Zero）以 100：0 打败了"柯狗"。这真是狗剩打败了大英雄。

《自然》杂志发表了一篇新论文。谷歌旗下人工智能公司 Deepmind 推出了一款新版的围棋 AI，命名为 AlphaGo Zero（阿尔法狗·零）。这个 AI 意料之中地干掉了它的所有前辈，等级分抵达了 5000 的水平，超越了所有人类。更重要的是，它没看过任何人类棋谱。训练开始的时候，它只会随机走子。3 天训练之后，已经能 100：0 战胜李世石版的"李狗"。40 天训练结束时，能以 87：13 战胜柯洁版的"柯狗"。所有这些，都是从零开始的。

Deepmind 公司对"李狗""柯狗"的训练思路是：抛弃人类经验判断，不再试图去教它"这种局面好，那种局面坏"，而是直接扔给它 3000 万个人类历史棋局让它自己看，再让它自我对弈提升。其结局大家都已经知道，"李狗"4∶1战胜了李世石，"柯狗"3∶0战胜了柯洁。

一岁的狗，两岁的狗，完虐人类，对人类骄傲打击很大。当时大家都在讨论：抛弃人类经验是不是 AI 进步的必由之路呢？人类围棋棋手积攒了这么多年的历史是好事儿还是坏事儿呢？阿尔法狗没有使用人的判断力，但也还是看了 3000 万个人类下出的局势，这些棋局对 AI 围棋水平到底是什么影响呢？现在答案来了。最新版的阿尔法狗·零（AlphaGo Zero）根本就不需要这些东西。人类经验是好是坏，对 AI 而言无关。完全无关。有人感到：这是所有 AI 末世中最令人恐惧的一个场景。

有人把诗作为人类的最后成果。他们不知道，棋谱就是最好的诗。围棋给人的愉悦，不是输赢能知道的。

只有人知道自我愉悦，AI 不知道。AI 只知道不停地运算，不停地深度学习，不停地进步，不停地干有用的事。人知道停下来看看风景，下一盘无用的棋。寻找内心深处不期而遇的微笑。让狗去学习、去探索，而最终揭示真谛的仍然是人。人通过狗走得更远，人通过狗发现更多的愉悦。只有人有这份无聊的心情。

战狗局棋谱：

"阿尔法狗"（AlphaGo）●　柯洁○

2017 年 5 月　中国乌镇

乌镇围棋峰会围棋人机对局第二局

//1 ● 434 ○244/2 ● 333 ○134/3 ● 153 ○453/4 ● 446 ○146/5 ● 263 ○236/6 ● 243 ○233/7 ●232 ○253/8 ●242 ○254/9 ●252 ○223/10 ● 264 ○272/11 ●283 ○282/12 ● 243 ○224/13 ● 203 ○273/14 ● 245 ○255/15 ● 284 ○494/16 ● 393 ○364/17 ● 346 ○395/18 ●138 ○338/19 ●158 ○137/20 ●127 ○126/21 ●366 ○357/22 ●356 ○359/23 ● 493 ○483/24 ● 484 ○403/25 ● 492 ○404/26 ●402 ○473/27 ● 394 ○385/28 ● 374 ○343/29 ●375 ○334/30 ●485 ○496/31 ●486 ○497/32 ●344 ○384/33 ●383 ○373/34 ● 372 ○363/35 ● 386 ○305/36 ● 362 ○345/37 ●335 ○354/38 ● 324 ○274/39 ● 487 ○256/40 ●265 ○285/41 ●498 ○408/42 ●378 ○499/43 ●488 ○409/44 ●470 ○370/45

●443 ○442/46 ●432 ○445/47 ●443 ○456/48 ●454 ○464/49 ●447 ○457/50 ●465 ○325/51 ●344 ○455/52 ●444 ○334/53 ●336 ○468/54 ●489 ○475/55 ●448 ○460/56 ●269 ○459/57 ●266 ○279/58 ●289 ○278/59 ●257 ○246/60 ●299 ○390/61 ●287 ○268/62 ●259 ○258/63 ●240 ○248/64 ●449 ○323/65 ●344 ○207/66 ●297 ○334/67 ●306 ○396/68 ●344 ○365/69 ●334 ○376/70 ●295 ○275/71 ●206 ○202/72 ●193 ○192/73 ●352 ○183/74 ●133 ○123/75 ●144 ○132/76 ●135 ○143/77 ●136 ○147/78 ●125///（共计 78 回合，155 手。●中盘胜。）

七、网战局

网战趣味多，博弈很欢乐。现在大部分人都在网上下棋，大的围棋网站每天都有成千上万人网上对弈。不但人类在网上对弈，人工智能围棋机器人也在网上对弈，俗称"遛狗"。人在网战中长棋，狗也在网战中长棋。狗是网上棋友对人工智能围棋机器人的昵称。现在的"狗"很多，最著名的是"阿尔法狗"，除了它还有其他国家的团队研发的"围棋狗"。

2018 年 3 月 14 日，中国棋手琪雅（P）和日本的"地震狗"DEEPZEN（B）对弈中，弈出了一局长达 543 手的棋局。创造了职业棋手最长手数纪录，在对局室里热闹一时，堪称网战的一个小小的奇迹。

中国棋手琪雅（P）的真实身份不清楚，没有检索到介绍资料。唯一可以肯定的是人，不是人工智能。而且可以肯定是中国人，棋力很高，多次胜 DEEPZEN（B）。

DEEPZEN（B）是日本加藤英树研发的围棋机器人（DeepZenGo）。

2018 年 3 月 17 日，加藤英树宣布 DeepZenGo 退役。2018 电王战成为 DeepZenGo 谢幕演出。在 DeepZenGo 隐退战的三盘棋较量中，先是负于芈昱廷九段，后战胜朴廷桓九段与赵治勋九段，以 2∶1 完美谢幕。

2018 年 3 月 24 日，DeepZenGo 迎战芈昱廷（在北京进行），芈昱廷执黑 261 手中盘获胜。4 月 1 日，DeepZenGo 在韩国首尔战罢，Zen 执黑 169 手中盘战胜朴廷桓。朴廷桓表示"能参加 Zen 出战的最后一个比赛感到荣幸。Zen 对提高人类围棋的实力做出了很大的贡献，我遗憾'DeepZenGo 项目'就这么落幕了。即使如此，我依然会摆 Zen 的棋谱，因为 Zen 的实力已达到我这辈子都无法企及的高度"。4 月 7 日最后一战，DeepZenGo 迎战赵治勋（在东京进行）。赵治勋执白 85 手速败，DeepZenGo 完美告别。赛后，赵治勋名誉名人表示："自己其实更享受和 DeepZenGo 的每一分每一小时会更好，实战自己把棋走崩溃了确实很遗憾。电脑的棋和我们从江户时代学到的围棋完全不一样，不仅颠覆了围棋的尝试，还让我们见识到了围棋更加深奥的地方，这对棋手来说是非常高兴的事情。"

加藤英树表示，刚开始的目标就是超过李世石版本的 AlphaGo，现在可以说基本超过它了。本身这个项目就是短期项目，可以说现在是退役的最好时机。加藤英树很遗憾 DeepZenGo 项目就此结束，但不会就此离开大家的视野。

继 AlphaGo 之后，DeepZenGo 成为又一个归隐江湖的围棋 AI。

2016 年，DeepZenGo 参加首届世界最强棋士决定战。DeepZenGo 的加入，使得这项比赛成为又一次"人机大战"，当时被认为是"天下第三狗"的 DeepZen-Go 在序盘和中盘阶段展现出压制人类顶尖棋手的实力，进一步开拓了人类围棋的思维。也正是 DeepZenGo 的参与，使得这项比赛在诸多国际赛事中成为亮点。

论实力而言，AlphaGo 的实力依旧强于 DeepZenGo，但棋手们认为 DeepZen-Go 的棋可以讲得出理由和目的，有人情味，在棋手之间获得了不少人气。

不是所有 AI 都是 AlphaGo，DeepZenGo 在整体上或许已经强于人类顶尖棋手，但却还有着致命的 Bug！AlphaGo 呢？它有没有 Bug？或许也有，只是人类还没发现。DeepZenGo 和 AlphaGo 的差距比很多人认为的要小。从原理上两者完全不一样，一个是完全黑盒，一个是专家系统。应该注意到，谷歌对 AlphaGo 实行严格保密制度，至今没有公布 AlphaGo 输给樊麾的两局快棋棋谱。

在 AlphaGo 出现之前，几乎所有围棋 AI 都采用"蒙特卡洛算法"来提高自己的水平。"蒙特卡洛算法"是在 AI 随机摆出变化图中，选出胜率最高的一手棋作为自己的下一手棋。AlphaGo 之后，围棋 AI 都转而融合深度学习技术。

腾讯的"绝艺"用了不到 1 年的时间，就把一无所知的软件成长到了击败职业棋手的水平。而且绝艺的开发团队里面没有一个人会下围棋，这一点也让人震惊。

表 4-1

围棋 AI	国家	开发团队	实力
AlphaGo	英国	DeepMind（谷歌旗下）	对世界顶尖棋手三连胜 在非正式比赛 60 连胜
DeepZenGo	日本	DeepZenGo 项目团队	2017 年 8 月"中信证券杯"围棋 AI 大会上夺冠，对职业棋手胜率 95% 以上
绝艺	中国	腾讯	2017 年 3 月"UEC 杯"围棋 AI 大会上夺冠，对职业顶尖棋手胜率 90% 以上

2018 年 3 月 14 日下午，弈城国际高手房 270 号房间留言区一片沸腾，原来是中国棋手琪雅（P）○和"地震狗"DEEPZEN（B）●的对局已经突破 400 手。最终达到 543 手。创造了职业棋手最多手纪录。胜负结果也非常有戏剧性，执白的琪雅（P）以半目险胜，是一局地地道道的"大杀小输赢"之局。

本局之所以弈出了创纪录的手数，起因是在棋盘的左下 3 区○两次扑入，形成连环劫。从第 64 手，32○316 扑入开劫，到第 66 手，33○314 再次扑入开劫。早早地在盘面上形成了一个看似对白有利的循环劫。棋友们都知道，打劫是 DEEPZEN（B）的一个短板，而循环劫更是 DEEPZEN（B）过不去的难关。琪雅（P）当然更知道这一点。"地震狗"一次次徒劳地找劫打劫，来来回回提循环劫。双方每在其他地方交换一个回合后，狗狗都会回到这里提劫。迎风踏雪（5 段）说："相当于三步算一步。"其实不止，因为左边有时候会一连提两回合，相当于一步变五步了。

随着双方在这里来来回回提劫，观战的棋友情绪越来越欢乐越来越高涨，纷纷猜测本局能下多少手，而当棋局轻松突破 300 手的时候，有的棋友甚至跟着数起步数来，这是一盘少见的大家不关心比赛结果而关心棋局手数的对局。

当棋局突破 400 手的时候，众多棋友的留言呈现出刷屏状态。有棋友笑称："是不是给雅琪点个外卖"。棋友子虚乌有（9 段）问："纪录是多少？四百几？"

最多手棋和胜负相比，其实没有多大的意义，也很难回答。因为网战虽然有精准记录，但是大家并不关心手数，只关心输赢。甚至连输赢都不在乎。

在职业正式比赛中，有几局 400 手左右的，因为手数较多，引人瞩目。

2011 年 1 月 29 日，第 3 届 BC 卡杯 64 强战中国台湾棋王陈诗渊执白一目半击败韩国尹峻相的对局，二人共弈 378 手（收完单官）。

2013 年 9 月 5 日，第 18 届三星杯首轮小组赛第三日，90 后邬光亚执白五目半胜 50 后徐奉洙，终局时 392 手（不计单官）。有人说是世界围棋大赛本赛阶段有棋谱可考的最长手数纪录。

2017 年 3 月 13 日，中国台北棋手林修平对陈禧一局共弈了 414 手。不收单官的话是 411 手。

1950 年 12 月 24 日至 25 日，日本棋院秋季大手合赛中，星野纪三段执黑对山部俊郎九段的对局，用时两天弈出 411 手，没有收单官，如果收单官将有 420 手。创造出正式比赛最长手数记录。其实任何一场比赛，对认真的棋手来说，都是正式比赛。设定条件成为最多是没有什么意义的。

至于说还有 796 手的对局，以及 3603 手的对局，实际是一个排局，并未在实战中见到，另外找机会再说。

回到这个网战局。第 443 手，DEEPZEN（B）222●127 立，第 444 手，琪雅（P）222○327 消劫。从第 64 手，○316 扑入后开劫，至第 444 手○327 消劫，中间历经了 380 手的劫争。其实白不消劫也是完全可以的，可能是为了简明，琪雅（P）还是选择了消劫。火天（P）说："白棋不消劫能上 600 手。"

琪雅（P）知道劫争是 DEEPZEN（B）的短板，充分利用了狗狗的这个弱点。在 50 手之前，有意制造了这个复杂的局部劫争。自从第 64 手扑入，逼着狗狗打劫。之后可怜的狗狗一直被这个循环劫拖累，不停地找劫。琪雅（P）没有一次再主动回来打劫。

本局由于白早早地劫杀黑一块，所以琪雅（P）的支持率一度高达 77%，最低的时候也有 60%，能在四个押分区间碾压 DEEPZEN（B）也是极为罕见的。不过棋局形势却远远不像大家想的那样乐观，甚至有一度白棋还似乎稍有不利。棋友说："琪雅要是输了就是累的"。最终 543 手结束时，琪雅（P）的白棋恰好赢了半目。

543 手，无疑是一个新的纪录。还有两个单官未走。棋友广告机（9 段）说："终于见证了一盘 500 手的对局。"棋友 jy5826（3 段）说："前无古人后无来者。"棋友杀甬甬杀（9 段）说："见证历史！"

对局结束后，弈城著名棋友凤凰燕儿对琪雅（P）进行了一个简短的网上采访。

燕：琪雅老师刚才与DEEPZEN（B）下的那盘，辛苦了！请您说说结束后心得。

琪：一直劣势啊，利用狗不懂连环劫占了不少便宜，最后感觉赢了才消的，其实优势很小。很危险的一盘。

燕：你下棋这么多年，这是下得手数最多的一盘是吗？

琪：应该是吧!

燕：在你记忆里，有没有比543手更多的对局。

琪：没有。

燕：能否说说这局半目胜，有没有一点成就感？

琪：还行吧。有点累，要多歇会儿。

网战局棋谱：

DEEPZEN（B）　●　　琪雅（P）○

2018 年 3 月 14 日下午　弈城国际高手房 270 号房间

弈城棋谱编号：1010867744

//1 ● 444 ○344/2 ● 234 ○463/3 ● 436 ○144/4 ● 163 ○136/5 ● 283 ○443/6 ● 433 ○432/7 ●453 ○442/8 ●454 ○452/9 ●423 ○464/10 ●472 ○483/11 ●482 ○403/12 ●462 ○434/13 ● 424 ○492/14 ● 336 ○325/15 ● 340 ○338/16 ● 348 ○347/17 ● 337 ○346/18 ●328 ○339/19 ●349 ○329/20 ●473 ○445/21 ●455 ○484/22 ●335 ○334/23 ● 326 ○318/24 ● 324 ○323/25 ● 345 ○355/26 ● 354 ○327/27 ● 315 ○366/28 ● 376 ○367/29 ●356 ○357/30 ●365 ○356/31 ●333 ○343/32 ●332 ○316/33 ●317 ○314/34 ● 328 ○325/35 ● 474 ○327/36 ● 485 ○405/37 ● 328 ○316/38 ● 406 ○396/39 ● 315 ○327/40 ●324 ○316/41 ●495 ○395/42 ●317 ○325/43 ●328 ○316/44 ●307 ○238/45 ● 315 ○327/46 ● 397 ○387/47 ● 328 ○316/48 ● 377 ○388/49 ● 378 ○386/50 ● 374 ○380/51 ●315 ○327/52 ●324 ○316/53 ●379 ○389/54 ●317 ○325/55 ●328 ○316/56 ● 370 ○179/57 ● 315 ○327/58 ● 324 ○316/59 ● 353 ○342/60 ● 317 ○325/61 ●328

○316/62 ● 383 ○169/63 ● 315 ○327/64 ● 494 ○393/65 ● 328 ○316/66 ● 392 ○352/67
● 315 ○327/68 ● 324 ○316/69 ● 362 ○198/70 ● 317 ○325/71 ● 328 ○316/72 ● 304
○394/73 ● 315 ○327/74 ● 324 ○316/75 ● 372 ○183/76 ● 317 ○325/77 ● 328 ○316/78
● 197 ○108/79 ● 315 ○327/80 ● 324 ○316/81 ● 188 ○189/82 ● 317 ○325/83 ● 145
○135/84 ● 328 ○316/85 ● 143 ○154/86 ● 315 ○327/87 ● 324 ○316/88 ● 133 ○153/89
● 317 ○325/90 ● 152 ○142/91 ● 324 ○316/92 ● 172 ○132/93 ● 317 ○325/94 ● 164
○134/95 ● 324 ○316/96 ● 176 ○294/97 ● 317 ○325/98 ● 328 ○316/99 ● 293 ○204/
100 ● 315 ○327/101 ● 103 ○194/102 ● 328 ○316/103 ● 123 ○122/104 ● 315 ○327/
105 ● 324 ○316/106 ● 182 ○165/107 ● 317 ○325/108 ● 328 ○316/109 ● 175 ○174/
110 ● 315 ○327/111 ● 324 ○316/112 ● 107 ○297/113 ● 317 ○325/114 ● 296 ○206/
115 ● 324 ○316/116 ● 287 ○298/117 ● 317 ○325/118 ● 328 ○316/119 ● 276 ○285/
120 ● 315 ○327/121 ● 324 ○316/122 ● 286 ○187/123 ● 317 ○325/124 ● 328 ○316/
125 ● 196 ○186/126 ● 315 ○327/127 ● 324 ○316/128 ● 105 ○195/129 ● 317 ○325/
130 ● 328 ○316/131 ● 106 ○185/132 ● 275 ○225/133 ● 235 ○224/134 ● 315 ○327/
135 ● 324 ○316/136 ● 233 ○236/137 ● 317 ○325/138 ● 328 ○316/139 ● 239 ○229/
140 ● 315 ○327/141 ● 220 ○227/142 ● 328 ○316/143 ● 219 ○223/144 ● 315 ○327/
145 ● 324 ○316/146 ● 222 ○228/147 ● 317 ○325/148 ● 328 ○316/149 ● 167 ○166/
150 ● 315 ○327/151 ● 324 ○316/152 ● 177 ○157/153 ● 317 ○325/154 ● 328 ○316/
155 ● 156 ○155/156 ● 315 ○327/157 ● 324 ○316/158 ● 158 ○147/159 ● 317 ○325/
160 ● 328 ○316/161 ● 148 ○168/162 ● 315 ○327/163 ● 324 ○316/164 ● 230 ○256/
165 ● 317 ○325/166 ● 328 ○316/167 ● 247 ○246/168 ● 315 ○327/169 ● 324 ○316/
170 ● 254 ○259/171 ● 317 ○325/172 ● 328 ○316/173 ● 257 ○267/174 ● 315 ○327/
175 ● 324 ○316/176 ● 268 ○248/177 ● 317 ○325/178 ● 328 ○316/179 ● 269 ○449/
180 ● 315 ○327/181 ● 324 ○316/182 ● 258 ○249/183 ● 317 ○325/184 ● 328 ○316/
185 ● 438 ○448/186 ● 315 ○327/187 ● 324 ○316/188 ● 469 ○440/189 ● 317 ○325/
190 ● 328 ○316/191 ● 439 ○216/192 ● 315 ○327/193 ● 324 ○316/194 ● 218 ○237/
195 ● 317 ○325/196 ● 328 ○316/197 ● 410 ○217/198 ● 315 ○327/199 ● 324 ○316/
200 ● 447 ○460/201 ● 317 ○325/202 ● 328 ○316/203 ● 470 ○456/204 ● 465 ○457/

205●315○327/206●324○316/207●137○178/208●317○325/209●328○316/
210●213○214/211●315○327/212●324○316/213●468○446/214●317○325/
215●328○316/216●437○458/217●315○327/218●324○316/219●167○177/
220●317○325/221●328○316/222●127○327/223●129○150/224●359○149/
225●330○212/226●232○435/227●425○498/228●490○408/229●487○151/
230●162○138/231●128○159/232●126○488/233●398○309/234●477○493/
235●400○399/236●288○266/237●161○124/238●284○193/239●192○265/
240●264○481/241●141○131/242●139○497/243●496○450/244●299○479/
245●480○278/246●279○277/247●275○471/248●461○491/249●391○125/
250●351○341/251●361○116/252●117○115/253●245○320/254●478○489/
255●148○384/256●375○119/257●199○221/258●231○213/259●466○467/
260●113○112/261●368○211/262●110○319/263●151○459/264●476○358/
265●369○390/266●109○188/267●302○499/268●289○158/269●138○160/
270●118○110/271●173○385/272●363///（共计272回合，543手。还有2个单官未收。●贴6目半。○胜半目。）

八、当湖局

当湖又名拓湖，是浙江平湖别称。清乾隆四年（1739年），围棋国手范西屏、施襄夏于浙江平湖对弈，鏖战十余局，互有胜负。"落子乃有仙气，此中无复尘机，是殆天授之能，迥非凡手可及"。从棋局来看，关键之处杀法精谨，惊心动魄，手段登峰造极，出神入化，体现了围棋的高远变化。

传世的"当湖十局"是围棋古谱的经典。范西屏和施襄夏同出师门，年龄相仿，未出名前，两人常在一起下棋。后来他们相继成为国手，各奔前程，相聚不多。雍正末年曾在京师对弈十局，可惜没有留下记录。乾隆四年，范施二人同受当湖张永年邀请，前往授弈。张永年请二位名手对局以为示范，就此下了著名的"当湖十局"。

"当湖十局"下得惊心动魄，是范西屏、施襄夏一生中精妙的杰作，也是古代对局中登峰造极之局。同代棋手对其评价很高。钱保塘说："昔抱朴子言，善围棋者，世谓之棋圣。若两先生者，真无愧棋圣之名。虽寥寥十局，妙绝千古。"邓元穗认为这十局是棋中"至当"。

清康熙末年至嘉庆初年，出现了一群围棋高手。其中范西屏、施襄夏、梁魏今、程兰如被称为"四大家"，位列棋坛之巅。

范西屏名世勋，浙江海宁人，生于康熙四十八年（1709 年）。范西屏的父亲是个棋迷，直下到家道中落仍未尽兴，可惜棋艺始终不高。范西屏三岁时，看父亲与人对弈，便在一旁呀呀说话，对棋指画。父亲见儿子与己同好，甚是欢喜，唯恐儿子和自己一样不成气候，当下带儿子拜乡里名手郭唐镇和张良臣为师。棋艺日见长进，不久棋力就赶上了两位老师。

父亲又送他拜著名棋手俞长侯为师。俞长侯棋居三品。有这位名师指点，范西屏长进更快，十二岁时就与俞长侯齐名。三年后，西屏竟已受先与先生下。他与先生下了十局，先生完全不能招架学生的凌厉攻势，均败在学生手下。从此，俞长侯不再和他下棋。他十六岁时，便成为闻名天下的国手。

范西屏学成时，正值雍正、乾隆年间。他和俞长侯同住松江，受到棋艺家钱长泽的盛情招待。十余年后，范西屏再访松江，帮助钱长泽，"晨夕参研"成《残局类选》。

范西屏出名之时，天下太平，江南富庶，人们大多闲暇无事，争相拿银子请强手与范西屏较量，以为乐趣。当时棋林高手梁魏今、程兰如、韩学之、黄及侣、胡兆麟都纷纷败在范西屏手中。

能与范西屏抗衡的，只有一个人，就是四大家之一的施襄夏。施襄夏思路不如范西屏敏捷。两人对弈，施襄夏常常紧锁眉头对局沉思，半天落不了一子。范西屏却轻松得很，似乎全不把棋局放在心上，甚至应子之后便去睡觉。有一回对局，范西屏全局危急，观棋的人，都认为他毫无得胜希望，必输无疑。范西屏仍不以为然，隔了一会儿，他一开劫，果然柳暗花明，一片棋阵死而复生，观棋者无不惊叹。

施襄夏名绍暗，号定庵。生于康熙四十九年（1710 年），卒于乾隆三十五年（1771 年）。他也是浙江海宁人，与范西屏是同乡。施襄夏在《弈理指归》自序中详实地记载了他的生平。

施襄夏从小就读于私塾，是个老实文静的孩子。他父亲是位雅士，擅长诗文书法，也画些兰竹之类。晚年退隐家中，常焚香抚琴，或陪客下棋。施襄夏念完功课，便坐在父亲身边，看他抚琴下棋。渐渐地，他对这棋艺发生了兴趣，开始询问其中的道理。父亲对他说："学琴需要'淡雅'，而不能'繁枝'；学棋需要'灵益'，而不能'沾滞'。你瘦弱多病，学琴好些。"于是施襄夏开始学琴。不过没过多久，父亲发现儿子对围棋的喜爱甚于琴。当时，比施襄夏年长一岁的范西屏从师俞长侯学棋，到十二岁时，已与老师齐名，这使施襄夏十分羡慕。父亲便也把他送到俞长侯门下。

俞长侯教了他一年，他便能与范西屏争个高下。其间，施襄夏与老棋手徐星友等人下过棋，受益良多。

施襄夏二十一岁时，在湖州遇见了四大家中的梁魏今和程兰如，两位长者都受先与他下了几局棋，施襄夏从中又悟出不少棋理。两年以后，施襄夏又遇梁魏今，他们同游砚山，再受指点。

此后三十年间，他游历吴楚各地，与众多名手对弈，交流棋艺。五十岁以后，和范西屏一样，客居扬州，教授学生。他的学生很多，但他始终很谦逊。晚年在扬州，写了不少围棋著作，为后来棋手留下了宝贵的遗产。

范西屏晚年客居扬州，学生卞文恒携老师施襄夏的新著《弈理指归》，向范西屏请教。范据书中棋局，参以新意，写成棋谱二卷。扬州盐运史高恒，为附冀名彰，特以官署古井"桃花泉"名之，并用署中公款代印此书。这就是《桃花泉弈谱》。范西屏在扬州还写了其他围棋著作。

嘉庆初年，范西屏前往上海。当时上海最优秀的棋手是倪克让，其次是富加录等人。倪克让不屑与他人对弈，富加录等人则在豫园设棋局赌钱。范西屏来到豫园，见有人对弈便站下了看。看了一会见客方将输，便给他出主意。庄家不高兴了，对范说："这是赌博，旁观者不能多话。你既然会下棋，为什么不自己来决一胜负呢？"范西屏笑了笑，从怀里取出一大锭银子，对庄家说："这就是我的赌注。"看到这么多银子，所有的人都眼红了，纷纷争着要和范对弈。范接着说："我下棋不怕别人说话，你们可以合在一起和我对局。"棋没下到一半，对手们已经手足无措，一筹莫展。于是有人赶紧去报告富加录。富加录赶到，范西屏坦然自若，先受先三子与他下了一局，富加录输了。范西屏再让，富加录还是要输。大家傻了眼。不得不去搬来最后的救兵倪克让。倪克让闻风而至，一见面，二话没说，伸手弄乱了棋盘，告诉众人："这是范先生，你们哪里是他的对手！"这消息很快就传开了，上海的富豪们纷纷请他教棋。范西屏在西仓桥潘家受先四子与倪克让下棋，观棋者把对局情况记录下来，编成《四子谱》。

范西屏卒年不详，大文学家袁枚曾写过一篇《范西屏墓志铭》，其中卒年、岁数和葬处均未说明，只写了"以某月日卒，葬"。袁枚亡故于1797年，事实上此后史料上还有范赴沪对弈一事的详细记载。估计袁枚写墓志铭时，范西屏并未去世，是所谓"生吊生祭"，当然这是推测而已。范西屏为人耿直朴实，他不求下棋之外的生财之道。有了钱财，也将之资助同乡中的困难人家。袁枚对他的为人盛赞不已，说："余不嗜弈而嗜西屏。"他认为那些"尊官文儒"都不及范西屏人品高尚。

范西屏的《桃花泉弈谱》二卷，是围棋历史上最有影响，价值最大的古谱之一，"戛戛独造，不袭前贤"，内容异常丰富全面，精辟地记载了范西屏对于围棋的独特见解。此书从一出版，便轰动棋坛，风行一时，以后重刻版本很多，二百年来影响了无数棋手。

施襄夏在理论上也贡献很大，他在认真总结前人棋著的得失之后，写出自己的著作。他十分推崇《兼山堂弈谱》和《晚香亭弈谱》，但也尖锐地指出了它们的缺陷。他的《弈理指归》二卷，是我国古棋谱的典范，是施襄夏一生心血的结晶，可与《桃花泉弈谱》媲美。

在《弈理指归·序》中，施襄夏对前辈和同辈棋手有十分精粹的评价："圣朝以来，名流辈出，卓越超贤。如周东侯之新颖，周懒予之绵密，汪汉年之超轶，黄龙士之幽远，其以醇正胜者徐星友，清敏胜者娄子恩，细静胜者吴来仪，夺巧胜者梁魏今，至程兰如又以浑厚胜，而范西屏以遒劲胜者也。"正是基于对其他棋手深刻的研究分析，施襄夏集各家之长，成为围棋天河中一颗闪烁异彩的明星。

施襄夏死后，他的学生李良为他出版了《弈理指归续篇》，这本书的《凡遇要处总诀》部分，几乎总结了当时围棋的全部着法，是部全面论述围棋战术的著作，是我国古典围棋理论十分少见的精品。这些口诀，都是施襄夏平生实战和研究的心得，句法精炼，内容丰富。

以范西屏、施襄夏为代表的康熙、乾隆时代的棋艺水准，是整个围棋发展史上的一座高峰。范西屏、施襄夏等人把围棋推到了前所未有的水平。

范西屏、施襄夏同学俞门时，时常角技争先。二人成名后时分时聚，年轻时曾在北京对弈十局。晚年二人同在扬州客居多年，或许也有过对局。只是以上对局都没有留下棋谱，因此，"当湖十局"便成为两位大师留下的唯一对局记录。当年范西屏三十一岁，施襄夏三十岁，正精力弥满，所向无敌之际，这种状态也留在了当湖十局的黑白交锋中。

有好事者给李世石看过当湖棋谱，他粗略地看了看，评价说，布局不知所云。有这种评价也很正常。有人用鹰眼分析当湖十局，认为中盘有趣，趣在激战。

当湖局棋谱：

施襄夏● 范西屏○

清乾隆四年（公元 1739 年）浙江当湖

当湖十局第一局

古代○先，已转换成●先。前四手为座子。

//1 ● 144 ○244/2 ● 444 ○344/3 ● 236 ○439/4 ● 437 ○163/5 ● 336 ○493/6 ● 356 ○365/7 ● 366 ○376/8 ● 375 ○364/9 ●386○377/10 ● 383 ○373/11 ●382○306/12 ●396 ○397/13 ● 305 ○495/14 ● 307 ○496/15 ● 387 ○398/16 ● 378 ○367/17 ● 386 ○347/18 ●357○368/19 ●358○369/20 ●388○399/21 ●370○360/22 ●340○179/23 ● 180 ○149/24 ● 159 ○349/25 ● 148 ○359/26 ● 346 ○339/27 ● 334 ○333/28 ● 343 ○353/29 ●323○342/30 ●322○169/31 ●190○165/32 ●156○139/33 ●153○152/34 ● 142 ○162/35 ● 362 ○133/36 ● 134 ○143/37 ● 123 ○132/38 ● 138 ○129/39 ● 122 ○154/40 ●128○372/41 ●371○000/42 ●209○290/43 ●299○289/44 ●498○497/45 ●480○408/46 ● 198 ○279/47 ● 488 ○456/48 ● 476 ○475/49 ● 446 ○457/50 ● 465 ○455/51 ●485○454/52 ●474○384/53 ●304○494/54 ●409○499/55 ●489○409/56

●487 ○474/57 ●464 ○465/58 ●472 ○483/59 ●453 ○443/60 ●442 ○484/61 ●433
○475/62 ●440 ○469/63 ●449 ○249/64 ●259 ○248/65 ●230 ○246/66 ●260 ○270/67
●479 ○459/68 ●257 ○247/69 ●288 ○278/70 ●277 ○287/71 ●298 ○267/72 ●276
○268/73 ●328 ○335/74 ●324 ○325/75 ●326 ○345/76 ●315 ○337/77 ●327 ○314/78
●316 ○352/79 ●361 ○332/80 ●355 ○354/81 ●331 ○321/82 ●329 ○320/83 ●311
○374/84 ●303 ○313/85 ●341 ○351/86 ●177 ○167/87 ●166 ○158/88 ●157 ○168/89
●175 ○321/90 ●331 ○136/91 ●125 ○118/92 ●117 ○110/93 ●394 ○127/94 ●147
○155/95 ●145 ○116/96 ●121 ○174/97 ●381 ○187/98 ●188 ○266/99 ●275 ○448/
100 ●438 ○229/101 ●429 ○445/102 ●435 ○274/103 ●233 ○243/104 ●284 ○273/
105 ●234 ○227/106 ●226 ○232/107 ●222 ○242/108 ●221 ○146/109 ●176 ○115/
110 ●114 ○137/111 ●126 ○117/112 ●112 ○104/113 ●474 ○466/114 ●194 ○195/
115 ●105 ○184/116 ●196 ○185/117 ●186 ○319/118 ●318 ○350/119 ●294 ○203/
120 ●293 ○295/121 ●206 ○292/122 ●285 ○282/123 ●492 ○482/124 ●481 ○475/
125 ●402 ○447/126 ●436 ○450/127 ●265 ○214/128 ●237 ○228/129 ●225 ○255/
130●223 ○131/131 ●264 ○263/132●254 ○245///（共计 132 回合，264 手。还棋头
○胜七子。）

九、游月局

"唐明皇游月宫"是围棋经典《玄玄棋经》中的排局。

排局是人为编排的围棋局面。排局着力体现围棋进展环环相扣，步步巧妙，
对实战有参考价值。终局时候在棋盘上调移棋子，便于计算胜负，也称为排局。

"唐明皇游月宫"的初始局面如图 4-5 所示。

题目很简单，就是在这种局面下，怎样活出●315●325●335，三颗●子；
或者说，●怎样吃掉○324○334 两个○子。●先。看似很简单的题目。黑棋为
了吃掉这两个白子，竟然需要用 215 手棋，黑棋追着白棋的大龙游走整个棋盘。
古人为这个排局起了一个浪漫的名字：唐明皇游月宫。唐明皇即唐玄宗。

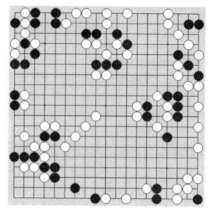

图 4-5

唐明皇游月宫有一个美丽的神话传说。

《唐逸史》记载：唐朝开元年间，中秋之夜，方士罗公远邀玄宗游月宫，掷手杖于空中，即化为银色大桥。过大桥，行数十里，到一大城阙。城门匾额："广寒清虚之府"。罗公远对玄宗说"此乃月宫也"。入城，见仙女数百，素衣飘然，婀娜多姿，随音乐翩翩起舞于广庭。玄宗看得如痴如醉，默默记下仙女们优美的舞曲。回到人间后，玄宗即命伶官依其声调整理出一首优美动听的曲子，然后配上模仿月宫仙女舞姿的舞蹈，这就是闻名后世的《霓裳羽衣曲》。唐明皇游月宫由此成为千古佳话，月宫从此也有了"广寒宫"之称。

早在唐代的每年八月十五，中秋节赏月已成惯例。唐玄宗命人在太液池西岸筑百尺高台，供赏月之用，以尽赏月之兴。《开元遗事》记载："中秋夕，上与贵妃临太液池望月。"之后便形成了唐明皇梦游月宫的传说，并广泛流传。而中秋赏月伴随着传说，普及至社会各阶层，受到人们重视。

关于唐明皇游月宫的传说，最早最完整的记载要算敦煌文献《叶净能话》："八月十五夜，皇帝与净能及随驾侍从，于高处玩月。皇帝谓净能曰：'月中之事，其可测焉？'净能奏曰：'臣说亦恐无意，臣愿将陛下往至月宫游看可否？'皇帝曰：'何以得往？'净能奏曰：'陛下自行不得，与臣同往，其何难哉？'皇帝大悦龙颜。皇帝曰：'可将侍从同行？'净能奏曰：'剑南看灯，凡人之处；月宫上界，不同人间。缘陛下有仙分，其可暂住。'皇帝又问曰：'着何色衣服？'净能奏曰：'可着白锦绵衣。'皇帝曰：'因何着白锦绵衣？'净能奏曰：'缘彼是水晶楼殿，寒气凌人。'皇帝装束便行。净能作法，须臾便到月宫内。观看楼殿台阁，与世人不同，门窗户帘，全殊异世。皇帝心看楼殿，及入重门，又见楼处宫阁，直到大殿，皆用水精琉璃玛瑙，莫测涯际。以水精为窗牖，以水精为楼台。又见数个美人，身着三殊之衣，手中皆擎水精之盘，盘中有器，尽是水精七宝合成。皇帝见皆存礼度。净能引皇帝直至娑罗树边看树，皇帝见其树，高下莫测其涯，枝条直赴三千大千世界。其叶颜色，不异白银，花如同云色。皇帝谓净能曰：'寒气甚冷，朕欲归宫。'便乃作法，须以须臾却到长安。皇帝至明晨，群臣朝参，帝曰：'朕昨夜三更，与叶天师同往月宫观看，见内外清霄迥然，楼殿台阁悉异，皆是七宝装饰。'群臣共贺皇帝：'三皇五帝周秦以来，未有似陛下者也。若道教通神，符箓绝妙，天下无过叶天师耶？'皇帝遂命太史官，批在《唐录》。"

其中的"叶净能"，在《逸史》中改成罗公远。不管人名如何改变，都是指有法术，可以带皇帝进入月宫的人。在这些玄幻文字中，把月宫亭台楼阁都描写成水晶建筑，连各种杯盘碗碟的器物也是水晶制成。在唐代人们已经认为水晶是有法力的宝石。月宫有很多丽人，都穿着天衣。玄宗借法力游月宫，比皇帝的新衣高明。新衣服可以被揭穿，登月不一样，因为你没上去你就不好说什么。庙堂群臣立刻为明皇点赞，赞为自三皇五帝以来登上月宫的第一位皇帝。玄宗非常高兴，遂命太史官将此事载入史书《唐录》。各类文人也随之附会。围绕唐明皇游月的传说，产生许多诗词绘画作品。围棋虽然是无文的文化，也制作了明皇游月的排局。不承想这个排局也成了千古绝唱。

三国两晋南北朝时期的围棋高速发展，到了隋唐时期，围棋发展迎来了第二个高峰时期，这是因为自唐高祖李渊开始，接连几代皇帝都是围棋爱好者。太宗李世民有《五言咏棋》诗二首：其一，"手谈标昔美，坐隐逸前良。参差分两势，玄素引双行。舍生非假命，带死不关伤。方知仙岭侧，烂斧几寒芳"。其二，"治兵期制胜，裂地不要勋。半死围中断，全生节外分。雁行非假翼，阵气本无云。玩此孙吴意，怡情静俗氛"。

上有所好，下必效之。上至宫廷权贵，下至村野逸民，无不以弈棋为能事。著名的唐朝诗人刘禹锡在《论书》中曾有生动描述："吾观今之人，适有面诋之曰：'子书居下品矣'。其人必追尔而笑，或謷然不屑。有抵之曰：'子握槊、弈棋居下品矣'。其人必恧然而愧，或恧然而色。"唐朝以诗赋开科取士，书法的好坏亦是评定标准之一，而时人对围棋的重视程度竟然还在书法之上，弈风之盛，可见一斑。

唐明皇，唐玄宗李隆基（685~762年），712~756年在位。《旧唐书·本纪》称他"性英断多艺，尤知音律，善八分书。仪范伟丽，有非常之表"。玄宗多艺，棋艺尤精，经常在宫中与宠臣对弈，《太平广记》曾载：玄宗方与张说观棋，中人抱泌至。俶与刘晏，偕在帝侧。及玄宗见泌，谓说曰："后来者与前儿绝殊，仪状真国器也。"说曰："诚然。"遂命说试为诗。即令咏方圆动静。泌曰。愿闻其状。说应曰："方如棋局，圆如棋子，动如棋生，静如棋死。"说以其幼，仍教之曰："但可以意虚作，不得更实道棋字。"泌曰："随意即甚易耳。"玄宗笑曰："精神全大于身。"泌乃言曰："方如行义，圆如用智，动如逞才，静如遂意。"说因贺曰："圣代嘉瑞也。"玄宗大悦，抱于怀，抚其头，命果饵啖之。"可见玄宗朝代宫中的围棋盛况。

陶毂《清异录》记载玄宗和宁王对弈的一个细节。明皇问宁王："卿近日棋神威力何如？"王奏："托陛下圣神，庶或可取。"上喜，呼将方亭侯来。二宫人以玉界局进。遂与王对手。玄宗称棋力为神，称棋盘为方亭侯，是恨不得封棋具为侯，可见玄宗对围棋喜爱到什么程度。

唐段成式《酉阳杂俎·忠志》也有一段趣事记载："上夏日尝与亲王棋，令贺怀智独弹琵琶，贵妃立于局前观之。上数枰子将输，贵妃放康国猧〔wō 窝〕子于坐侧。猧子乃上局，局子乱，上大悦。"玄宗棋局将输时，杨贵妃不失时机地放纵怀中的小宠物，宠物搅乱棋局，解却了明皇棋局的尴尬，大慰圣心。

五代时南唐画家周文矩为此曾绘《明皇会棋图》，此图现存台北故宫博物院，图上有乾隆皇帝御笔题诗二首：其一，"明皇遗事写南唐，杂列朝簪缁与黄。棋局当前未着子，如何布置且思量"。其二，"放猧乱局传杂俎，妃厕亲王太不伦。善讳白诗犹厚道，良家女选入宫嫔"。

上述轶事虽史有所载，可惜却没有棋谱传世，但《明皇诏郑观音弈棋局图》却有77手棋谱传世，殊为可贵。棋谱如下：座子●244●344○144○444●，古代○先。

//1 ○236 ●273/2 ○393 ●439/3 ○239 ●436/4 ○473 ●439/5 ○425 ●426/6 ○336 ●383/7 ○356 ●139/8 ○339 ●136/9 ○135 ●146/10 ○164 ●193/11 ○173 ●235/12 ○246 ●195/13 ○354 ●353/14 ○343 ●333/15 ○342 ●352/16 ○332 ●334/17 ○364 ●372/18 ○322 ●323/19 ○312 ●326/20 ○325 ●335/21 ○347 ●327/22 ○314 ●433/23 ○443 ●424/24 ○432 ●422/25 ○434 ●423/26 ○295 ●275/27 ○266 ●276/28 ○254 ●252/29 ○264 ●274/30 ○243 ●233/31 ○242 ●253/32 ○232 ●223/33 ○222 ●212/34 ○245 ●234/35 ○263 ●262/36 ○225 ●226/37 ○214 ●213/38 ○221 ●241/39 ○227///（共计 77 手，39 回合，唐明皇○中盘胜）。

《孙策诏吕范弈棋局面》是最古老的棋谱，距今已有一千八百余年。《三国志》注引《江表传》记载："策从容独与范棋。"《孙策诏吕范弈棋局面》全谱共四十三手。白先黑后。盘面上双方各有两枚"座子"处于对角星位。最终胜负情况不明。棋谱如下：座子 ●244 ●344 ○144 ○444 ●，古代○先。

//1 ○336 ●373/2 ○356 ●139/3 ○339 ●136/4 ○135 ●146/5 ○173 ●193/6 ○393 ●325/7 ○326 ●283/8 ○236 ●439/9 ○239 ●436/10 ○263 ●264/11 ○233 ●243/12 ○234 ●232/13 ○222 ●242/14 ○435 ●446/15 ○473 ●133/16 ○143 ●125/17 ○124 ●134/18 ○123 ●145/19 ○132 ●228/20 ○237 ●229/21 ○385 ●353/22 ○465///（共计 43 手，22 回合，胜负不明。）

如果有本记谱方法，该有多少棋局流传下来啊。

上面网战局讲了最多手数的实战对局。而排局的手数大大超过实战的手数。看到过不少近乎变态的趣味棋局。但不得不承认的是，下面的案例可能是最变态的。它集打劫、劫材、超长对局、中国棋规的"全局同形再现禁止"条例、赖皮填子等围棋诸多趣味于一身。而且结局相当出人意料，所以在这里上个图，算是介绍一下，如图 4-6 所示。

这个排局据说可以走到 796 手。

左上角形成了一个劫。网上把这个劫叫"糖浆劫"。如图 4-7 所示。糖浆劫，黑先。

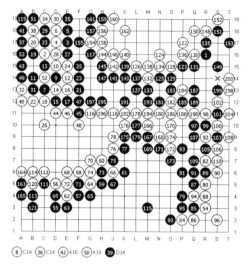

图 4-6

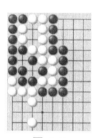

图 4-7

图 4-6 所示棋局，只要双方在棋盘上有子可下，而且全局都没有大的劫材，就可以一直存在下去。容易验证的是，任何一方不能虚手。先虚手的一方将使局面出现同形再现而违例。可以假设上面的这个局面是白占了棋盘上最后一点之后而形成的，棋盘上没有其他可落子的地方了。经过黑扑 2 子，白提劫，黑提 2 子，白再提劫，黑填空，白扑黑 2 子，黑提劫，白提 2 子，黑再提劫后，回到原来局面。中国规则有"同形再现禁止"的原则，黑棋造成"全局同形"违例判负。所以单官收完后，双方就必须像网络对弈里的赖皮们一样，边打劫边开始在对方空里填子。对方的空里填满了，再填自己的空，直到某一方发现棋盘全满，无子可填了，就只能放弃而输掉劫。也就是说，第一个无子可走的人输棋。在中国规则里，填子不一定算赖皮。第一个无子可走的人算输的围棋规则又称作Conway 围棋，据说最原始的围棋就是采用这种规则。或许这个局面才是真正体

现了中国规则的围棋精髓。

再来看看手数最长的围棋全盘性排局。如图 4-8 所示。黑先白死。据说共有 3603 手。

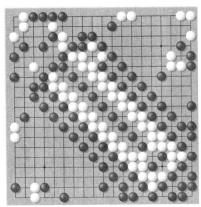

图 4-8

这个死活题中也是出现了循环劫，"永劫"，虽然能够提完，但是过程十分漫长，正解共经历 3603 手，有兴趣的话可以摆摆看。

游月局棋谱：

排局 ●先○死

唐明皇游月宫

《玄玄棋经》珍珑部第一题

排子：

○121●131●151○171○181○101○281○241●112○122●132●152○162○102

○242●222●212○123●183●193●293○233○114●124○134○184○194○294

●284○224○115●135○105○285●235○215●116●126○196●106●296○236

●226○197○107○237●217○228○218●119○129○259●249●239●110○120

○270●260○240●230○210○399○479●469○449●439○348○358●388○458

○418○327●347●357○377●447○336○346○366○416●315●325●335○345

○324○334●344●354○343●353○423○413●372○462●452○432○422●391

○301○481●451○431●411

题目是：如何救出●315●325●335 三子？或者说如何吃掉○324○334 两子？条件是●先。

看似简单地吃掉○两子，由于巧妙的排子，需要双方步步紧凑地走 215 手，交手 108 回合。

进程：

//1 ● 323 ○333/2 ● 342 ○332/3 ● 322 ○331/4 ● 314 ○352/5 ● 321 ○341/6 ● 361 ○362/7 ● 371 ○363/8 ● 351 ○342/9 ● 364 ○373/10 ● 383 ○374/11 ● 375 ○384/12 ● 394 ○385/13 ● 386 ○395/14 ● 305 ○386/15 ● 387 ○306/16 ● 496 ○307/17 ● 308 ○497/18 ●487 ○498/19 ●499 ○488/20 ●478 ○489/21 ●279 ○480/22 ●490 ○289/23 ● 288 ○299/24 ● 209 ○298/25 ● 297 ○208/26 ● 187 ○198/27 ● 199 ○188/28 ● 178 ○189/29 ●180 ○179/30 ●169 ○170/31 ● 379 ○160/32 ●150 ○369/33 ●368 ○359/34 ● 338 ○349/35 ● 340 ○339/36 ● 329 ○330/37 ● 128 ○139/38 ● 138 ○149/39 ● 159 ○148/40 ●147 ○158/41 ●168 ○157/42 ●156 ○167/43 ●177 ○166/44 ●165 ○176/45 ● 186 ○175/46 ● 174 ○185/47 ● 195 ○104/48 ● 103 ○295/49 ● 275 ○286/50 ● 287 ○276/51 ●266 ○277/52 ●278 ○267/53 ●257 ○268/54 ●269 ○258/55 ●248 ○250/56 ● 448 ○459/57 ● 468 ○457/58 ● 456 ○467/59 ●477 ○466/60 ● 465 ○476/61 ● 486 ○475/62 ●474 ○485/63 ●495 ○484/64 ●483 ○494/65 ●404 ○493/66 ●492 ○403/67 ● 393 ○402/68 ● 392 ○491/69 ● 482 ○471/70 ● 461 ○472/71 ● 473 ○463/72 ● 464 ○453/73 ●443 ○454/74 ●455 ○444/75 ●434 ○445/76 ●446 ○435/77 ● 425 ○436/78 ● 426 ○437/79 ● 438 ○427/80 ● 428 ○417/81 ● 419 ○429/82 ● 415 ○419/83 ● 219 ○229/84 ●220 ○219/85 ●227 ○238/86 ●247 ○246/87 ●256 ○245/88 ● 244 ○255/89 ● 265 ○254/90 ● 253 ○264/91 ● 274 ○263/92 ● 262 ○273/93 ● 283 ○272/94 ● 282 ○271/95 ● 291 ○292/96 ●261 ○291/97 ● 191 ○192/98 ● 182 ○191/99 ● 161 ○172/ 100 ● 173 ○163/101 ● 164 ○153/102 ● 143 ○154/103 ● 155 ○144/104 ● 133 ○135/ 105 ●145 ○134/106 ●113 ○111/107 ●112 ○113/108 ●112///(共计 215 手，108 回合。●先○死。)

第五章 棋局之外

第一节 传说与故事

一、古老的传说

"尧造围棋，丹朱善之。"这是大家耳熟能详一个传说。这句话来源于史书《世本·作篇》。《世本》是一部权威史书。司马迁的《史记》、韦昭的《国语注》、杜预的《春秋经传集解》、司马贞的《史记索隐》、张守节的《史记正义》、林宝《元和姓纂》和郑樵的《通志》都曾引用和参考书中内容。《世本》是最早提到围棋的古籍。如此说来，围棋发明至今已有五千年了。

传说围棋是公元前3000年前，古代帝王尧发明的。有人认为仁厚的尧帝岂能发明斗智的围棋，但是，尧帝的长子丹朱非常善于围棋，是世间公认的，众多古籍都有记载。围棋的棋子没有等级，棋盘的位置也没有限制，是完全平等的。围棋的哲学思想是原始社会的映照。围棋产生于中国古代的原始社会时期是确定无疑的。

公元前1000年前，殷商时期的箕子擅长围棋。箕（jī）子，名胥余，殷商末期人，是文丁的儿子，帝乙的弟弟，纣王的叔父，官太师，封于箕，在商周政权交替与历史大动荡的时代，因其道不得行，其志不得遂，"违衰殷之运，走之朝鲜"，建立"箕氏侯国"，史称"箕子朝鲜"。箕子朝鲜的历史延续千余年。《论语·微子》曰："微子去之，箕子为之奴，比干谏而死，殷有三仁焉。"箕子与微子、比干，并称"殷末三贤"。

纣王末年（公元前 1124 年）周武王兴兵伐纣。牧野决战，纣王兵败自焚。武王攻入商都朝歌，商朝覆灭。在商周变易之际，箕子避乱于箕山（今山西晋城市陵川县棋子山）。在箕山有过一段短暂的隐居生活。箕子利用那些天然的黑白石子摆卦占卜，借以观测天象，参悟星象运行、天地四时、阴阳五行、万物循变之理。

武王灭商建周后，求贤若渴的周武王访道太行，在陵川找到箕子，恳切请教治国之道。武王向箕子询问殷商灭亡的原因，箕子不说话，因为他不愿意讲自己故国的坏话。武王也发觉自己失言了，就向他询问怎样顺应天命来治理国家。箕子于是便将夏禹传下的《洪范九畴》陈述给武王听，史称箕子明夷。武王听后，十分钦佩，就想请箕子出山治国理事，重用箕子。但箕子早对微子说过："商其沦丧，我罔为臣仆"（殷商如果灭亡了，我不会做新王朝的臣仆）。（《尚书·微子》）他不愿做周的顺民，因此不肯再出山，武王无奈而走。

箕子怕武王再次来请，武王走后，他带领商的一干遗老故旧，离开箕山向东方而去。从此陵川便留下了箕子履迹的传说，棋子山也渐渐被人们称作了谋棋山、谋棋岭。

传说箕子到了黄海边，乘木筏向东飘去。几天后登上一岛，见山明水秀，芳草连天，一派明丽景象，便将此地叫作朝鲜。箕子带领的五千余人在那里定居下来。创立了箕氏侯国。并把故国的文化传播开来，也把围棋带到了朝鲜。

后来周武王知道箕子远避朝鲜，便派人到朝鲜封箕子做朝鲜的国君，并邀请箕子回故乡探望。这时箕子已经 52 岁。后来箕子从朝鲜回来朝见周天子姬发。在路过殷商故都时，看见原来的宫室已经残破不堪，有些地方种上了庄稼。心甚伤之，欲哭而不可，欲泣则近于妇人，亡国之痛，涌上心头，只好以诗当哭，乃作《麦秀歌》。其诗曰："麦秀渐渐兮，禾黍油油。彼狡童兮，不与我好兮。"

《尚书》收录了箕子的《洪范》。箕子是《周易》卦爻辞唯一提到的可靠的历史人物。朝鲜王朝的《三国遗事》《东国通鉴》《东史纲目》等重要史书，也都比较详细地记载了箕子的史迹。

现今在棋子山谋棋岭有天然的黑白棋石。有专家认为这是中国古代围棋起源的自然证据之一。

山西省长子县距离陵川县不远。长子县是丹朱的封地。丹朱是比箕子更古代的历史人物。在箕子以前的丹朱可能也用围棋推演世事变迁。可能也使用天然棋石作为围棋的棋子。任何有明显颜色差异的石子都可以用作围棋棋子。甚至用不同颜色的树枝、果核、动物的小骨头，都可以用作围棋棋子。天然棋石可能只是古围棋子的形制之一。

在陵川棋子山有一个古老的传说。说有两位仙人在山洞对弈，一位进山砍柴的樵夫王质走入洞里观看。仙童递给他一枚状如棋子的仙果，含在嘴里便不觉得饥渴。不久仙童提醒他该回家了，此时，王质见其伐木用的斧头柄竟然已经腐烂。当他回到村庄，方知同辈之人皆已作古。"山中方一日，世上已千年"的典故即出自此传说。在浙江衢州也有这样的传说。在中国的许多地方都有类似的传说。只不过樵夫的名字各异。被赋予这个故事的山都与围棋有关，称为"烂柯山"。沉醉在一盘围棋中，何止可以烂柯，当物我两忘时，连石头都会烂掉的。

二、缓慢的发展

古代弈是专指围棋。东汉许慎《说文解字》："弈，围棋也。从廾、亦声。"廾是两人举手握棋对局的象形。《论语》《左传》《孟子》中也提到围棋。西汉杨雄《方言》："围棋谓之弈，自关而东，齐鲁之间皆谓之弈。"到了东汉，围棋在书面语中普遍使用，比如马融的《围棋赋》，李尤的《围棋铭》等。

最早的棋手是弈秋，见于《孟子》。被称为"通国之善弈者"。"通国善弈"说明当时围棋已相当普及。"今夫弈之为数，小数也。不专心致志，则不得也。弈秋，通国之善弈者也。使弈秋诲二人弈，其一人专心致志，惟弈秋之为听；一人虽听之，一心以为有鸿鹄将至，思援弓缴而射之，虽与俱学，弗若之矣。为是其智弗若钦，曰非然也。"孟子用弈秋教棋说明专心致志。但是，孟子还说："匡章通国皆称不孝焉，夫子与之游，又从而礼貌之，敢问何也？"孟子曰："世俗所谓不孝者五。惰其四肢，不顾父母之养，一不孝也。博弈好饮酒，不顾父母之养，二不孝也。好货财，私妻子，不顾父母之养，三不孝也。从耳目之欲，以为父母戮，四不孝也。好勇斗狠，以危父母，五不孝也。章子有一于是乎？"孟子把"博弈"与"好饮酒"同列，列为五不孝之一。饮酒误事，博弈也误事。这是从古代就有的情况。圣人鄙视之。

孔子的态度是："饱食终日，无所用心，难矣哉！不有博弈者乎？为之犹贤乎已。"博弈的地位可见一斑。

古代虽然通国善弈，记录下来的大多数是帝王和名人的对局轶事。

最有名气的是唐玄宗与亲王对弈，贺怀智受命在旁边弹琵琶助兴，杨贵妃抱着一个温驯的小宠物——康国，或许是猫，在旁边观战。看到局面对玄宗不利，纵猫搅乱局面，君臣对局不了了之。

唐僖宗好围棋，然而水平不高，又喜欢下。说他下棋时，就命棋待诏来观棋。名义上是观棋，其实是叫人帮出主意，他自己只管按提示落子（《天中记》）。这棋下的，和 AI 堪有一比。用别人的脑子，走自己的棋。

宋武帝与羊玄保下棋时，与他打赌，如果他赢了，武帝给他个大官，史书上称之为"赌郡戏"。最后，羊玄保果然胜了，武帝亦不食言，真的给了他一个宣城太守（《宋书·羊玄保传》）。

梁武帝肖衍是个棋迷，身边有几个棋手，陪着他通宵达旦下棋（《梁书·陈庆之传》）。梁武帝不仅喜欢棋手，还主持棋事。他令大棋家柳恽和陆云公主办了一次全国性的围棋大赛，规模宏大，轰动一时。比赛后，由柳陆二人主持给棋手们定品级。据《南史·柳恽传》记载，当时能评上品级的棋手就有 278 人，可见参加的人很多。这是有据可查的最早一次全国性围棋比赛。

南唐后主李煜酷爱围棋。他刚当上皇帝不久，被贬为舒州副使的肖严应召觐见。这天后主正与亲信下棋，肖严前来叩见，看到皇帝在下棋，他勃然大怒，伸手将棋盘扔到地上。后主吓了一大跳，十分不满地问他："你想学魏徵吗？"肖严说："我非魏徵，陛下亦非唐太宗。"后主一下醒悟了，他明白肖严是想要他不要因为下棋荒废政事，便不再沉迷围棋。

北朝开封令阮简深爱围棋，对棋艺的关注胜于他的职责。一次开封有人抢劫，城里一片混乱，阮简手下人不知如何是好，慌慌忙忙来见。当时阮简正在与人对弈，专心致志，外面的动静一点没听见。小吏高声喊道："劫急。"阮简神态也很紧张，似乎也很着急，但他对官吏说："局上有劫亦甚急"（《水经注·陈留志》）。

西晋著名的"竹林七贤"之一阮籍，母亲死的时候，他正在下棋。对手表示可以暂缓一下，待阮籍料理完老母后事再继续，阮籍不干，一定要马上决一胜负（《晋书·阮籍传》）。另外一个"七贤"王戎任豫州刺史时，母亲死了，他和阮籍一样，不拘礼制，仍在家中看别人下棋。这些"七贤"都被孟子言中了。

能复盘的人也有记载。到溉是常陪武帝下通宵棋的棋手。《南史·到溉传》说他棋力为第六品，记忆甚好。有一次到溉在武帝面前，和当时棋力上品的棋界名手朱异等人赛棋。赛完后到溉复盘，不错一子，因而得到梁武帝的特别赏识。

王粲"建安七子"之一，好围棋，《弈旦评》誉为"弈中神人"。一次，王粲看人下棋，棋局乱了，王粲凭着记忆，重新摆出了原来的棋局。下棋人目瞪口呆，不敢相信自己的眼睛。他们用布把复盘的棋局盖起来，请王粲再重摆一遍。王粲胸有成竹，第二次摆出了打乱前的棋局。下棋者揭开罩布，两下一对，不错一子。

西汉贾谊说："失礼迷风，围棋是也。"西汉刘安《淮南子》中提到，下围棋太浪费时间，如果用下棋的时间去读书求学问，"闻者必广矣"。

对围棋有所肯定的是《尹文子》："以智力求者譬如弈棋，进退取与，攻劫收放，在我者也。"肯定了围棋有利于智力开发。

古有六艺"礼、乐、射、御、书、数"，是贵族子弟必习功课。"弈之为数，即六艺之数也。"围棋列入六艺已是很久以后的事情。

西汉初年"杜陵杜夫子善弈棋，为天下第一人"。又云："人或讥其费日。夫子曰：'精其理者，足以大裨圣数。'"（葛洪《西京杂记》卷三曾有）

《孙子算经》上有句话："今有棋局方十九道，问用棋几何？答曰：三百六十一。术曰：置十九道，自相乘之，即得。"也就是说，东汉时围棋盘已是纵横十九道了。

围棋也出现在诗句中。杜牧的"一灯明暗复吴图"。杜甫的"楚江巫峡半云雨，清罩疏帘看围棋"。"对棋陪谢傅，把剑觅徐君"。"闻道长安似弈棋，百年世事不胜悲"。"且将棋度日，应用酒为年"。元稹的"客来有棋局"。诗中写棋也给某些人带来麻烦。《侯鲭录》中提到，唐宣宗时，杭州缺一刺史，原准备派李远去做这个宫。唐宣宗知道后说："李远写过一首诗，里面有一句：'青山不厌千杯酒，白日唯消一局棋'。这样贪杯恋棋的人怎能够理事治民呢？"李远一句诗丢掉了一个官职。

文人也为围棋写了许多文章。"建安七子"中的应扬写过《弈势》。东汉大家班固，写有《弈旨》。班固的学生马融，写了《围棋赋》。同时的李尤，著作《围棋铭》。这些文字，至今犹存。一些棋局的棋谱被记录了下来，在隋唐之前的敦煌本《棋经》中，曾两次提到"吴图二十四盘"，指的就是吴国流传下来的棋谱。除了吴图，可能还有汉图。到了晋朝，棋谱集得更多一些了，据《隋书·艺文志》记载，司马伦、马朗曾合著《围棋势》二十九卷。在南北朝时期，棋谱大量出现，在围棋发展史上成为一件具有影响力的大事。这与围棋的盛行，统治者对围棋的爱好，以及纸张的广泛应用等因素有关。南北朝时期出现的"棋势""棋图""棋品"之类的专著不下二十种。其中"棋势""棋图"是对局的记录，"棋品"可能是对棋手的品评。据史书记载，当时对棋谱的编写是很认真负责的，例如褚思庄与羊玄保对弈，"因制局图，还于帝（宋文帝）前复之"。梁武帝时，特邀三品棋手柳恽"品定棋谱"，著名棋手到溉则常与"朱异、韦黯于御坐校棋比势，复局不差一道"。

这些编撰成集的棋谱，都是当时名棋手对局中的精华。这些棋局能汇集成册，便于流传和推广，对围棋的发展起了不可低估的作用。棋谱的产生，是围棋发展史上的一个里程碑。因为有了棋谱才有可能总结围棋的实战经验，才有依据去研究围棋的经验。

遗憾的是，这些宝贵的记录已经全部失传了，这使我们失去了一些极为重要的史料。虽然如此，南北朝时期众多的围棋棋谱，对后来围棋的发展起了巨大的推动作用。

　　唐代昌盛的三百年，围棋有了空前的发展，展现出了绚丽的围棋景象。

　　唐朝统治者对围棋颇为重视，唐玄宗特为围棋高手设置了一种官职，叫"棋待诏"，官阶九品，与"画待诏""书待诏"同属于翰林院，比肩"翰林"。围棋高手进阶为国家高级文职人员，确定了围棋在我国古代文化中的重要地位。

　　南齐还出现了史上首位女子棋手娄逞。娄逞，浙江东阳人，"粗知围棋，解文义"，她女扮男装，"遍游公卿间，仕至扬州议曹从事"。后事发，齐明帝萧鸾令她恢复女装，归还故乡。时人感叹："如此伎，还之为老妪，岂不惜哉！"旧时女子没有社会地位，可见一斑。为纪念她，娄家后代女子出嫁必以围棋为嫁妆，习俗传了千余年。

　　这些传说故事说明，古代朝野上下皆好围棋。数千年的美好时光，就是在这"烂柯"的对弈中，一日千年。

　　古代对围棋也有很多的研究。南唐围棋大家徐铉，是吏部尚书。他是一位颇有成就的围棋理论家，著有《棋图义例》《金谷园九局谱》《棋势》等围棋理论著作。《棋图义例》在围棋史上具有重要地位。

　　在《棋图义例》中，徐铉归纳总结围棋术语和着法三十三种："立，行，飞，尖，粘，斡，绰，约，关，冲，觑，杀，劄，顶，捺，托，跷，门，断，打，点，征，崱，聚，劫，拶，扑，勒，刺，夹，盘，松，持。"其中有些现在还在应用。研究着法，就是研究围棋战术。《棋图义例》是围棋史上第一本全面研究围棋战术的著作。

　　唐朝和五代的棋书很多，除了王积薪、徐铉写的几本，至少还有《棋图》《玉溪图》《棋势图》《棋势新注异图》《弈棋经》《棋要诀》和《棋术要诀》等，但是，除了王积薪的《十诀》和徐铉的《棋图义例》之外，现在都已经无处查找。

　　关于古谱的亡佚，近代学者孙鉴认为是因为"术士深秘其书而毁之"，以便"独持自夸隐晦之极"。也就是说，有些棋手，得到古谱后，怕流传开去别人也学会了着法，显示不出自己的高明，便将它们付之一炬。古代印制技术落后，版本稀少，毁于一炬再无流传。加上那个时代以棋进阶者不乏其人，独持秘诀之心也并非夸张。但不管怎么说，古谱的散逸灭失影响了围棋的发展，是非常令人惋惜的事情。总归来说是没有形成可靠便利的记谱方法使然。

古代围棋一直没有主流的研究和规范，在庙堂上下数千年的玩乐中发展缓慢。

三、日本的营养

围棋东渐日本是一件大事。但究竟始于何时，却难于考证。传说是吉备真备（694~775年）在唐留学二十年后，于公元735年带回日本的。日享保十二年（1727年）正月二十九，日本围棋四大门派（本因坊、安井、井上、林）掌门人签名书状："围棋创自尧舜，由吉备公传来。"

《大织冠传》记载日本天武天皇白凤十四年（685年）："天皇御大安殿，唤公卿，有博弈"。继而又有689年持统天皇禁止围棋和701年文武天皇解除禁令的记录。日本712年完成的《古事记》首次出现"碁"。日本718年公布的"僧尼令"：惩罚博戏，独优弈碁。我国636年完成的《隋书·倭国传》中提到倭人"好棋博、握槊、樗蒲之戏"。以上种种说明"吉备最先传入"是不成立的。1980年版《大日本百科事典》推断认为，公元四世纪，围棋就由中国经朝鲜传入日本，至大和时代（4~7世纪）已经流行于上层社会。

围棋自吉备入虽不足信，但是自吉备兴是事实。

唐代是经济发达，政治开明，世界胸怀的一个历史时期。建唐伊始，唐太宗就说："自古皆贵中华，贱夷狄，朕独爱之如一。"（《资治通鉴》卷198贞观二十一年五月）。对外国和中华各族群采取较为平等的态度。由此，中国与东西方交往的深度和广度，均比以前更为宏大。唐代中国以异乎寻常的魔力吸引着疆域以外的关注，都城长安则成为一个世界性的大都市和中外文化交汇融合的中心，来唐使者十分踊跃。吉备真备就是在这个历史潮流中，从长安带回了围棋。奈良正仓院保存了他带回的紫檀棋盘。

唐宣宗时期是古代中日围棋交流的一个高潮。大中二年（848年），日本王子入唐与棋待诏顾师言进行了一场挑战赛。《旧唐书·宣宗本纪》《册府元龟》等均有记载，苏颚《杜阳杂编》记述尤为详尽："大中中，日本国王子来朝，上设百戏珍馔以礼焉。王子善围棋，上敕顾师言待诏为对手。及师言与之敌手，至三十三下，胜负未决。师言惧辱君命，而汗手凝思，方敢落指，则谓之镇神头，乃解两征势也。王子瞪目缩臂，已伏不胜。回语鸿胪曰：待诏第几手耶，鸿胪诡对曰：第三手。师言实第一国手矣。王子曰：愿见第一。曰：王子胜第三方可见第二，胜第二，方得见第一。今欲躁见第一，其可得乎。王子掩局而吁曰：小国之一，不如大国之三，信矣。今好事者尚有顾师言三十三镇神头图。"可以说，这是最早的中日围棋擂台赛。

其后数百年间日本在围棋规制上基本遵循中国传统，《玄玄棋经》一直是日本棋手必读的权威之作。

平安时代（794~1185 年），围棋受到上流社会妇女青睐。历史小说《源氏物语·竹河》有相当细致的描写。镰仓时代（1185~1333 年），围棋在武士中流传开来，在紧张的战争空隙，武士们沉醉于黑白之间。僧侣也开始围棋。1199 年日本棋圣玄尊法师编《围棋式》，浅近易懂，推动了围棋的普及。

据说日本战国武将中有 30%~50%是围棋爱好者，三大枭雄织田信长、丰臣秀吉、德川家康都具有相当的棋力。

围棋大家日海（1558~1623 年）终于出现了，他是寂光寺僧人，先后受到三大枭雄捧场。织田信长誉日海为"名人"；丰臣秀吉举行棋会，赐予天下无敌的日海每年二百石俸禄；秀吉死后，德川家康召日海去江户，任初代名人棋所。"棋所"是德川幕府赐予围棋最强手的荣誉称号，也有职责总理围棋事务，指导将军弈棋，还有垄断围棋等级认证的特权。德川家康每年给日海禄米五百石。日海将寂光寺堂宇号为"本因坊"，自己改名：算砂。本因坊由此成立，流传至今。

当时因棋艺高超而享有禄米的还有三个门派，即安井家、井上家、林家，加上本因坊，合称"棋所四家"。

战乱中的日本统治者认为棋枰如战场，因而酷好围棋，并对棋手大力扶植。这样，围棋不但没有因战乱而衰落，反而出现了日海（算砂）这样名垂后世的大师和四大门派争弈的围棋盛景。

1644 年，幕府建立了"御城棋"制度，出战者有"棋所四家"和其他的六段棋手。名门望族也可破格参加。参加"御城棋"被看作与武士们在将军面前比武同等高尚。

算砂死后，本因坊二世算悦与安井二世算知争夺"棋所"头衔。1645~1653

年的九年间，激战六局，战成 3：3 平手，谁都没能就任"棋所"。这是日本围棋史上一个重要事件。算悦死后，算知依靠官场势力，于 1668 年被官命为"棋所"。然而本因坊三世道悦提出异议，要求争棋。至 1675 年，双方酣战二十局，结果算知负十二局、胜四局、和四局而惨败，1676 年交回"棋所"。道悦将本因坊传给弟子道策，自己隐退。这次争棋是日本围棋史上最激烈的棋战之一。

1677 年，本因坊四世道策被推举为"名人棋所"。各家皆无异议而被推举为名人的只有道策，空前绝后。道策被公认为"棋圣"，他反对传统力战，开创了原始布局理论。

之后二百多年，围棋四家争棋不断。实际上也只是局限于一个小圈子。据文献记载，1841 年在日本有棋手七段以上 8 人，六段 6 人，五段 10 人，五段以下 257 人。弘化（1844~1848 年）年间见于记载的棋手共有 431 人。在日本一般认为，由道策始，日本围棋水平已经超过中国，但是吴清源指出：当时的日本围棋著作《发扬论》《棋经众妙》《死活机妙》等，大多取材于中国的《玄玄棋经》，并认为，中国的乾隆年间是围棋发展史上的最高峰。川端康成曾问吴先生，乾隆年间名手的实力相当于日本的几段，吴先生曰：已相当高了，大致不逊于日本的"名人"吧。

1853 年 7 月 8 日，美国舰队驶入日本江户湾，日本被迫打开国门，史称"黑船来航"。1862 年终止了"御城棋"制度。明治维新废除了"棋所"制度，各家交还俸禄，棋士的生活骤然贫困。围棋进入低谷。

1879 年本因坊十八世村濑秀甫联合棋士结成方圆社，致力于围棋的复兴。去林家当养子的秀和之子本因坊十七世秀荣，目睹本因坊的困境，便再次继承本因坊名号，与方圆社对峙，双方一起推动了围棋的繁荣。之后涌现出一批围棋社团。经多次分化组合，终于在 1925 年春，整个棋界合为一体，成立了日本棋院。不久若干名手退出棋院，另结新社。《读卖新闻》《朝日新闻》等媒体推动棋战，影响大众，迎来了黄金时代。

1928 年，14 岁的吴清源东渡日本。1933 年与 59 岁的秀哉名人对战，一举成名。后与木谷实创立新布局，开启了吴清源时代。

一千年以来的日本围棋抵不上一个天才。这句话或许有些过头，但是围棋确实需要天分。日本围棋的棋社形式对围棋的规范与研究是无可否认的。形成了职业围棋，促进了围棋的进步。围棋在中国就如同乒乓球在中国。街头巷尾，田间地头，尽可对弈。一入日本即成高雅之事。台球也是如此，一到中国，即成街头少年村野农夫之能事。所谓高手在民间，低手也在民间。

四、欧美新天地

有传说曰：20 世纪初，国际象棋大师爱德华·拉斯科（Edward Lasker）在当年的围棋荒漠美国，偶然接触到围棋。在咖啡馆里，一份日本旧报纸上刊载的围棋棋谱引起了拉斯科的兴趣。报纸上的日文，拉斯科完全不懂，他却兴致勃勃地和朋友研究起了棋局。一番争论后，两人一致同意此局是黑胜。他们为此请教了一位日本人，却得知报纸上的局面，是黑方已经认输，白方获胜。事后，拉斯科与友人认真研究此局三周，方初窥围棋门径。之后，拉斯科不厌其烦地向朋友推荐这个"堪与国际象棋相比"的游戏，是围棋在美国的首倡者之一。

这个传说不是很准确，爱德华·拉斯科是在欧洲接触到围棋，在美国开始推广的。

把围棋传入欧洲的是德国人奥斯卡·科歇尔特。

1880 年 9 月，科歇尔特在德国的一份大型杂志"德国东亚研究协会"会刊上，开始连载系列围棋文章《日本人和中国人的围棋游戏》。1881 年，该文的单行本《日本人和中国人的围棋游戏：国际象棋的竞争对手》在日本横滨印刷发行。这是历史上第一本用西方语言（德文）写成的完整的围棋书籍。科歇尔特在他的围棋文章里写道："我深信，为了使围棋在欧洲得到重视，只需要做一件事，那就是编写一本阐明围棋战略的完整清晰的教程。我们的国际象棋界将认识到围棋技巧的独特和深度完全能与象棋媲美，围棋会很快和象棋一样得到人们的热爱。"

欧洲国际象棋界的极少数人研究了科歇尔特的书，并且试着下围棋。爱德华·拉斯科就是这时候学会了下围棋。

拉斯科曾说，"国际象棋规则华丽繁复，它只能是人类发明的；相形之下，围棋规则是如此简明、和谐、逻辑严谨。如果宇宙中还有其他的智慧生命，他们一定玩围棋"。拉斯科对围棋不吝赞美，唯独弄错了一件事：在他的年代，围棋规则还远远称不上"逻辑严谨"。

1914 年，爱德华·拉斯科移居美国芝加哥。1925 年，拉斯科迁居纽约。在这里，拉斯科遇到了李·哈特曼、卡尔·戴维斯·罗宾逊和其他一些人，并设法使他们对围棋产生了兴趣。进而，他们组建了一个小型俱乐部，这就是纽约围棋俱乐部的前身。1934 年，拉斯科已经来到美国 20 年。他撰写了《围棋和五子棋》，这不是第一本英文围棋书籍，也不是纯粹的围棋书籍，但却受到了人们的喜欢，拉斯科收到了来自美国各地的订单。通过登记购书人员名单，拉斯科、哈特曼与罗宾逊于 1935 年组建了美国围棋协会（AGA），标志着围棋活动在美国正式开展。其实，很多人只是买了一本书，一本掺杂了五子棋的围棋书而已。绝大多数人根本都是素未谋面，更谈不上围棋对弈。

很早以前就有书籍向欧美介绍过围棋。或详或略，都没有引起人们的兴趣。1615 年发表的《利玛窦中国札记》对围棋有简单描述。1694 年，英国东方学家托马斯海德在其名著《东方游戏》有对围棋更详细的介绍。1710 年，德国哲学家、数学家莱布尼兹在柏林科学院专业刊物上发表研究围棋的《论游戏》。1877 年，驻华英国外交官员翟理斯用一篇长文《围棋，中国的战争游戏》，完整介绍了中国围棋。非常遗憾的是，这些书籍和文章都没有能够让欧洲人，在现实中的欧洲下一盘围棋。这些文字中的围棋是 Wei-Chi，而不是后来从日本转换的 Go。

围棋自从走出中国的那一天起，就不再能够以中国围棋的形态独立存在。围棋在传入欧美的过程中，逐步完成了国际化的转变。只要是围棋就好，至少在表面上我们不会纠结于 Wei-Chi 还是 Go。笔者倒觉得围棋可以用"Wiqi"或者"Wichi"表示。如今，围棋已不再是某一个国家内部的文化现象，已经成为世界人民共同拥有的文化财富。曹薰铉说："围棋的世界化概念应该要高于成为围棋世界强国的想法。"

德国化学工程师奥斯卡·科歇尔特在日本工作了 10 年，工作之余，接触到围棋。得到第十八世本因坊村濑秀甫的指导，算是入了围棋的门。就像大山来中国学到相声的"真传"，从此主流走红。日本人资助了科歇尔特的围棋推广，所以书是在横滨印刷的。

1882 年，莱比锡出现了围棋群体。这是在科歇尔特的围棋著作发表之后，是不是受到科歇尔特著作的影响没有明确记载。

德国人理德·舒利格根据科歇尔特的著作编撰了一本简明的围棋普及读物，当年就连续印刷了几次，还出了第二版，颇受读者的欢迎。1902 年 2 月 5 日起，新西兰南部商业中心达尼丁的周报《奥塔奇见证报》，开始翻译连载科歇尔特发表在杂志上的围棋文章，直到 1903 年 3 月止，整整刊登了一年多。这是科歇尔特围棋文章的第一次完整的英译，比 1965 年在美国出版的英译本早了 60 多年。美国人亚瑟·史密斯，于 1908 年出版历史上第一本英文围棋著作《围棋：日本国技》。书中有相当一部分内容直接取自科歇尔特的著作。虽然有了英文的围棋书，但是美国的主流文化圈里依然没有围棋的位置，美国大地上依然没有围棋活动。毕竟围棋是一种游戏，而不仅仅是一段枯燥无言的文字。

还有一个围棋通过奥匈帝国海军战舰传入欧洲的故事。

1900 年，克罗地亚港口城市普拉（Pula），成立了一个围棋俱乐部，成员超过 200 人，多是奥匈帝国的海军军官，活动一直持续到 1918 年。在普拉围棋活动开展过程中，付出最多的是海军少校杨纳克，由于他的积极推广和孜孜不倦地活动，使他在普拉围棋俱乐部中获得了"围棋之神"（God of Go）的称号。随着杨纳克在战争中逝去，普拉围棋的"星星之火"逐渐熄灭，"余烬"也在风中飘散难寻影踪。曾是普拉围棋俱乐部成员的海军军官欧文·芬克回忆说："至少在 1918 年以前，它（指普拉围棋俱乐部）是欧洲最强的、无疑也是最大的围棋俱乐部。"杨纳克（奥匈帝国海军上校，欧洲围棋先行者。）因普及围棋做出的贡献，获得 1974 年日本棋院颁发的第八次"大仓赏"。关于围棋传入普拉的时间和方式并不完全清楚，猜测是奥匈帝国的海军战舰把围棋从东亚带到了普拉。可以肯定的是，普拉的围棋传播是没有书的。

尽管欧洲的围棋活动可以追溯到很久以前，但是欧洲围棋的发展，却是近几十年的事情。欧洲围棋联盟（European Go Federation，EGF）创办于 1957 年，是一个以促进、管理、协调、传播欧洲围棋为己任的公益性民间组织。目前已经拥有 37 个会员国。

欧洲围棋大会（European Go Congress，EGC）是每年欧洲围棋第一大盛事，也是欧罗巴大陆上最受关注的围棋盛会。1938 年，欧洲围棋锦标赛创立，至"二战"时中止。1957 年，以欧洲围棋大会形式再度开办，一年一度，连续举办至今。被西方围棋爱好者们誉为"没有围墙的围棋大学"。

欧洲围棋大会是一场以围棋为主题的大型"庙会"。除了正赛，还有各种趣味比赛，比如混双赛、女士围棋赛、儿童冠军赛、闪电赛、马拉松围棋赛、午夜围棋赛、小棋盘赛、幽灵联棋、三人联棋赛、周末赛、趣味副赛、计算机赛、团体赛、官子赛、酒吧围棋，等等。围绕围棋，期望所有来的人都能找到参与围棋的乐趣，被誉为"欧洲围棋嘉年华"。欧洲围棋大会不排斥来自世界各地的任何人。甚至还主动邀请亚洲的业余棋手和职业棋手参赛。竹叶青茶业赞助了 2009~2011 年连续三届欧洲围棋大会。2011 年，第 55 届欧洲围棋大会在法国著名葡萄酒产地波尔多开幕，会期两周。本来预计 800 人参赛，结果却有 2000 人参与，盛况空前。如此说来，真可以组织围棋主题旅游参与欧洲围棋大会。

欧洲围棋大会比亚洲发起的 1979 年开始的"世界业余围棋锦标赛"早了 20多年。只能说明亚洲没有办"大会"的习惯，但是，我们办庙会的历史是非常悠久的。只不过现在的庙会的商业气氛太浓重了，没有神的味道，少了人的味道，只有钱的味道。

1985 年，美国围棋大会诞生。模式和欧洲围棋大会一样。还有自由约战、多面打指导棋、异形棋盘赛等细节。参加一次美国围棋大会上的公开赛，就可以获得 AGA 的一个固定 ID 号。之后，只要是参加了计算 AGA 等级分的比赛，就随时可以在官网查到，精确到小数点后 5 位的等级分（rating）。rating 会根据比赛结果调整，有些上了岁数的棋手 rating 不升反降，今年 4D 明年 2D 是很常见的事儿。"这样我们永久地走进了一个公平公正公开的体系，清楚地知道自己的位置，这真是一种奇妙的参与感和神圣感。"围棋爱好者也可以参加美国围棋大会主题旅游。2016 年 8 月 3 日，第 32 届美国围棋大会谢幕晚宴上，美国围棋电子期刊的负责人史蒂夫先生发表感言："我们因为围棋这项伟大的游戏而在一起，我们都是它的志愿者和推广者。围棋大会走到今天，它凝聚着我们每个人的努力，它属于我们每个人。"

2016 年 7 月，第一届日本围棋大会在大阪举行。

作为围棋大国，中国围棋大会始于 2017 年，是国家棋牌管理中心主办的一项全民围棋嘉年华活动。首届中国围棋大会于 2017 年 8 月 8 日至 8 月 18 日在内蒙古鄂尔多斯市伊金霍洛旗大剧院举行。有近 5000 人参赛。大会内容丰富，比赛形式多样，共有 16 项之多，创国内综合性围棋赛事项目之最。2018 年 8 月 8 日，在南宁举办。 2019 年 8 月 19 日，在山东日照举办，是反过来借鉴学习欧美的围棋活动，是"全民围棋、竞技围棋、围棋文化、围棋产业、围棋外交"的体现。

欧美围棋开创了大众欢乐围棋。希望围棋大会的核心精神能够在世界互通。

第二节　现状与未来

一、围棋遍世界

除了中日韩和欧美之外，围棋也世界各地开枝散叶。

非洲也有围棋。南非、马达加斯加、摩洛哥、科特迪瓦都有围棋协会，都是国际围棋联盟会员。

1991 年 3 月，奥地利人曼弗雷德·威默将围棋传入马达加斯加。一年之后，就有将近 150 名爱好者在 3 个主要的俱乐部参与围棋活动。1995 年，日本驻马达加斯加大使赞助第二届马达加斯加公开赛。自此以后，日本大使每年赞助，在马达加斯加希尔顿酒店举办。

南非围棋协会 1993 年加入了国际围棋联盟。在南非多个城市和大学都有围棋俱乐部。韩国 LG 公司多年以来一直是南非围棋的唯一赞助商。1994 年，赛洛·廖潘从约翰内斯堡回到家乡索维尔镇道生华尔小学当教师。在南非围棋协会的资助下，他带着一批棋具来到道生华尔，成立了南非第一个黑人围棋俱乐部。这是南非会员最多的围棋俱乐部，有一百多名会员。赛洛水平只有 13 级左右，

1998 年一位日本棋友过来教了大半年，才打下了索维尔的围棋基础。学生们学会围棋之后，就迷恋上围棋。17 岁的道生华尔的第一高手威利·高雪不但升到南非的围棋 1 级，而且在 2001 年的南非围棋锦标赛上获得了第 4 名的佳绩。威利说："在这里，有许多的小孩成天无所事事，在街头游荡，找不到生活的目标，而我找到了围棋，这个能陪伴我一辈子的朋友。"

围棋也传到了南美洲。

1926 年，岩本薰从日本棋界短暂引退移居巴西，从事咖啡生意并取得了巨大的成功，也把围棋带到了巴西。1975 年，岩本薰捐赠了自己的围棋会馆"薰和沙龙"，同时日本棋院资助了五亿三千万日元，成立了岩本围棋振兴基金。用该基金于 1989 年在圣保罗开设了南美围棋会馆，日本棋院官方网站称其为日本棋院南美本部，实际上就是现在的巴西围棋协会。

阿根廷是南美洲较早开展围棋活动的国家之一，从 1979 年第一届起就开始参加世界业余围棋锦标赛。阿根廷国内有多项重大的围棋比赛，还有阿根廷围棋大会。阿根廷棋手阿基鲁尔在 2002 年丰田杯世界围棋王座战杀入八强，日本棋院特授予他业余最高段位，业余 7 段。

1997 年 6 月，由巴西、阿根廷等 13 个拉丁美洲国家围棋协会及西班牙、葡萄牙围棋协会共同组成伊比利亚美洲国家围棋联盟，使命是促进（使用西班牙语和葡萄牙语的）伊比利亚美洲国家围棋的发展。

围棋传入大洋洲的时间要早于美洲。1902 年新西兰《奥塔哥见证报》就连载了科歇尔特的围棋文章。但是直到 1960 年才有了悉尼的围棋俱乐部。于 1978 年联合堪培拉和布里斯班围棋俱乐部成立澳大利亚围棋协会，同年举办了首届全国围棋锦标赛。随着中国、韩国移民的增多，澳大利亚的围棋人口迅速增长，技术水平也大幅提高。如今，澳大利亚的围棋人口在万人以上，有的棋手可以让先或让 2 子与职业棋手对局。黑嘉嘉 2008 年在中国定段，跨入职业棋手行列。吴淞笙九段曾在澳洲大力推广围棋。2009 年，澳大利亚围棋协会与西安围棋协会建立互访机制。

新西兰围棋也很红火。

朝鲜、泰国和新加坡围棋也有良好的发展势头。

朝鲜人喜欢围棋是有历史渊源的，现在越来越多的小孩子从幼儿园开始学围棋。朝鲜没有职业围棋，全国性业余比赛每年都要举办数次。平壤棋院有500多名业余棋手，其中50多名已达到业余7段（朝鲜最高段位）水平。1989年，朝鲜围棋协会成立。2008年10月，朝鲜棋手赵大元7段夺得首届世界智力运动会围棋公开赛冠军。国家领导人的亲自指令加大了围棋的力度，朝鲜棋手到中国留学进修，回国后继续在平壤棋院研修。有人预测朝鲜围棋有望进入世界围棋行列。

泰国正大集团副董事长蔡绪锋被尊为"泰国围棋之父"，多年来在泰国不遗余力推广围棋。1993年，成立泰国围棋协会，亲任会长，无偿举办各种围棋培训班。与泰国其他一些企业联合声明称，只要年轻人获得业余初段证书，就可以保证他在这些企业中找到工作。由于蔡绪锋的推动，泰国围棋已从少数人的活动发展到拥有一百多万围棋爱好者，五十多所高校参加泰国大学生围棋赛，其中六所学校还把围棋列入学制。泰国每年举办多次全国比赛，并积极派出选手参加中国、日本和韩国举行的高水平比赛。泰国围棋协会还通过举行国际性比赛的方式推广围棋，1996年以来已经主办了多届亚洲大学生围棋比赛。

新加坡围棋协会成立于1981年。有会员数百人，最高段位为业余6段，协会每年组织棋手参加多个国内比赛和国际比赛的选拔赛。新加坡国内围棋赛事多冠以"楸枰杯""烂柯杯"等名称，显示出对华文传统的传承。

1989年应氏杯决赛在新加坡举行，促进了新加坡的围棋热度。1990年，新加坡围棋协会与中国围棋协会达成协议，此后中国棋协多次派教练赴新加坡教棋。

社会对围棋有较高的认可度，一些学校也开设了围棋班。新加坡围棋双语教学的特点，更具国际化色彩。《联合早报》报道，新加坡围棋协会通过学校的网络，每年至少教导1600名新学员。伴随着华文教育地位的提升，新加坡围棋教育前景会更加美好。

其他零星地区也有围棋活动。

2015年8月出版的《我在伊朗下围棋》记述了史啸虎先生在伊朗期间的围棋活动。

2017 年 5 月 25 日，詹永新大使向以色列围棋协会捐赠棋具。也有以色列棋手参加国际比赛的报道。

2018 年有报道称："围棋在土耳其受到欢迎，特别是女性"。"由中东技术大学主办，位于土耳其的韩国文化中心和韩国棋院协办的围棋锦标赛。"总共有204 名选手参加了比赛，其中两名是韩国人，77 位土耳其女性参赛，占参赛选手总人数近 40%。

在我们不知道的很多地方，还有人在默默手谈。随着国际交流，人文互动，会有更多的人领略围棋的魅力。

二、互联网围棋

互联网是围棋的新天地，俨然是一个新的江湖。互联网已经改变了人们的生活，也在影响着围棋。互联网时代的围棋，至少有以下三个方面的特征：

第一，互联网使得围棋的学习和教育更加便利。除了面对面的围棋教学，也可以通过网上教学来实现。互联网先进的教学手段迅速改变着围棋的普及教育。在北京的围棋培训中，有些也辅助了网上课程和网上作业。慕课等视频教学手段也开始有围棋的内容。移动互联网使得教学随时随地成为可能，围棋内容的加入也是迟早的事。围棋教育通过互联网得以更好地普及，扩大了围棋人口。

第二，互联网改变了对局环境。原来需要坐下来面对面的对局，通过网络对弈变得非常便利。不论在世界的什么地方，只要能够上网，皆可对弈。对弈者来自世界的各个地方，为了围棋的共同兴趣，通过网络连在了一起。纵使语言不通也不妨碍。这样的对弈环境和 30 年前相比是不可想象的技术进步。各大即时在线对弈网站拥有大量会员，即时在线经常在万人以上。现在想下一盘围棋可以在任何时间段找到对手。

第三，互联网丰富了自学资料。有各种棋力水平的围棋学习资料存在，只要自己有兴趣，可以随时上网学习。围棋资料不再仅仅存在于书本上。自学条件极大改观。网上学习也比书本学习更加生动，有视频讲解，也有动图，还有各种围棋软件。自我研习是提高棋力，维持围棋兴趣的重要方式。网络围棋资料的丰富，极大地助力围棋人口的保持。

另外，互联网还可以组织各种形式的网络赛事，吸引围观，成为网上的围棋狂欢，其精彩程度不亚于传统形式。

国内最早的一次网络对弈是在 1992 年 10 月，由马晓春九段对战韩国刘昌赫五段，动用了当时最先进的设备，是兴师动众的一场比赛。

也是在这一年，世界上最早的网络围棋平台 IGS 在北美上线。该平台后来为一家日本公司所收购，更名为 PANDA-glGo 并运营至今。

1989 年曹薰铉九段夺得首届应氏杯冠军，韩国围棋飞速上升，一时之间超越中日。韩国的网络围棋也得以借势迅猛生长，涌现了 Neostone、Tygem、Baduk World 以及乌鹭网等热门而优秀的网络对弈平台，对之后中国网络围棋的发展产生了深远影响。

我国网络围棋经过这些年的大浪淘沙，留下了弈城、腾讯野狐围棋、TOM 棋圣道场、新浪围棋、搜狐围棋等比较大的几个网站。新的小网站无法统计。现在即时在线对弈做得好的是弈城，号称"中国最大的专业围棋网站"。有注册会员 10 万人。即时在线经常在万人以上。"腾讯野狐围棋目前在 PC 端和移动端共拥有 3400 万用户，注册职业棋手超过 600 人，每天在腾讯平台上的对局数近 42 万盘。"

顶尖专业棋手也在网上练棋。目前世界排名第一的围棋选手柯洁几乎每天都会在网络上与人过招，5 年间，他在网上下了近 4000 盘棋。"如果不是借助网络平台的线上模式，可想而知，这样的训练强度和信息交流量，单纯依靠线下面对面对弈是很难实现的。"

也有高手化名在网上下棋，拿低手开练，成为人们所说的"地雷"。

传奇网站"清风围棋"早期，ID 为"龙飞虎"的棋友，在清风上进行了百余场对局，一路从网站 1 段打到了 9 段。在此过程中更曾击败韩国职业棋手睦镇硕六段，被视作清风的第一高手。"龙飞虎"与"神猪"罗洗河八段的交手引人瞩目。罗洗河以快棋著称，思路敏捷，棋力高强。出人意料的是，龙飞虎竟以四连胜的战绩大败罗洗河。一时满城风雨，人们纷纷猜测和寻找龙飞虎的真实身份，连人民日报都参与其中；邵炜刚九段、刘菁八段和邹俊杰五段更在中央电视台的《五环之夜》节目里摆下擂台，诚邀龙飞虎现身。然而就如同《棋魂》里的Sai一般，万众瞩目之下，龙飞虎非但没有公开现身，反而淡出了网络棋坛，只留下一段众说纷纭的江湖传说。直到5年之后，时值八段的丁伟才在采访中承认了自己就是当年的"龙飞虎"。而此时的清风围棋却早已因经营不善被搜狐收编，风光不再，其与Neostone合作时期的用户资源则由弈城接手。弈城已甩开其他对手成为了中文互联网里最大最稳定的在线围棋平台，只有腾讯旗下的新秀野狐围棋能与之抗衡。

后来弈城网上也曾出现ID为"陆承轩"的神秘高手大战一众韩国职业棋手，传为一时佳话。而该ID的持有者经披露，正是罗洗河。

余昌民先生披露过一段趣事：有一次，我和祖德正坐在家中客厅里说话，忽听得妻子的急切"呼救"声，原来她正在天元网站下棋，我与祖德应声赶去，只见妻子的白棋大势已去，这时九段喝一声"我来"，遂试着握住鼠标——岂知祖德还不曾上网下过棋，手指颇不听使唤，加上眼手不调，棋子几次落错了地方，那时互联网对弈初兴，屏幕上棋盘不过豆腐干大小，祖德紧盯豆腐干，全神贯注，一反昔日棋盘上的盘礴洒落，竟像个慌忙上阵错执刀枪的将军。然而祖德毕竟是九段身手，不一会儿渐渐适应下来，搅得满盘烟云，最后令对方溃不成军！旁观的我们欢笑如潮，尝新的祖德心绪难平。说笑间我为对方叫起屈来，真想知道对方面临地覆天翻的内心感受；忽又想那人何其幸运，人在天涯海角，虚虚实实间，竟与赫赫陈九段弈了半局！可惜终生不得知也。

网络的匿名也把一些人打回原形。余昌民先生说了另外一个现实"九石公"的趣事。某领导酷爱围棋，随着职位扶摇直上，棋力也似乎腾云不下，很快在本系统已无可匹敌，身边人安排的本地业余强豪，无一不是铩羽而归。于是领导自我感觉甚好，每延请职业棋手欢宴手谈，不遑多让，居然胜绩骄人。如此一来高处不胜寒，领导开始心生寂寞，一日听说互联网上好手如云，呼之即来，挥之即去，不禁跃跃欲试，立刻吩咐手下安装开户，起了个"九石公"的名号出战，暗示其棋力不凡。不料九石公首战便告失利，屡战屡败，屡败屡战，棋力级别一路下滑，不消几日便跌破初段，勉强徘徊于1、2级之间。此公越下越恼，终于掷了鼠标，骂一句"互联网是个什么东西"。继续回到现实中的"九石公"去了。

互联网真不是什么东西。除了给了人们的便利，也有众多的人在匿名的背后释放天性。

在网络围棋界有这么一群人，会在游戏中使用段位远低于自己真实棋力的账号，从而达到与水平远低于自己的玩家交手的目的。这种行为在如今会被称作"鱼塘炸鱼"或是"守门"，而在网络围棋里，这类玩家被称作"地雷"。大部分当地雷的玩家是想通过虐菜来找回自信心，但也存在着一些职业地雷，他们掌握着大量各个段位的账号，在一些时候与其他玩家达成交易将其一路保送上高段位；有时则不断阻击正在冲段的玩家，直到其交"保护费"为止。

如果说"地雷"还只是影响玩家体验的"潜规则"，那么下面就是真正的"作弊"了。

同所有在线游戏一样，网络围棋也不得不面对外挂的困扰，尤其是发展早期，外挂花样繁多，防不胜防。

外挂主要分两类：

一类是利用游戏漏洞的修改器，实现包括修改棋局、限制对手下子、强迫对手掉线、修改比赛结果等各种作弊功能。遇到使用修改器的对手带来的游戏体验极其恶劣，甚至向网管投诉也没有什么作用。正是由于修改器的存在，连聂卫平都曾表示在上网下棋时遇到了作弊者吃了亏。所以网络围棋在很长一段时间里都没能得到职业围棋界的认可，大多数时候只是作为娱乐方式而非涨棋手段。

不过随着时代发展和软件的不断完善，新一代棋手们对于网络围棋的接受度越来越高。芈昱廷、陈耀烨、范廷钰等知名棋手都是弈城的常客，而如今的世界围棋第一人柯洁在成名之前更是以 ID "潜伏"在网络上进行了近 5000 场对局，并与韩国国手朴廷桓交锋数十余次。不同国家的顶尖选手如此频繁地对弈在以往任何一个时代都是不可想象的。

另一类外挂则一度被认为对于高水平对局没有影响，那就是围棋 AI。各种人工智能围棋也在网络上练棋。人们俗称"练狗"。对于围棋 AI 的研究很早就有。1987 年，应老先生曾以百万美元限期 10 年悬赏能够战胜职业棋手的围棋 AI，然而最终也没人能摘取悬赏。其后涌现的以 Zen 为代表的诸多围棋 AI 也同样无法对职业棋手造成威胁，但已可达到业余高段玩家的水准，因此被一些玩家用来在网络围棋中作弊，将思考交由 AI，自己只负责下子，就像唐僖宗那样，凭此达到高于自身棋力的段位。那时候许多高手玩家对此不以为意，认为 AI 要在围棋上战胜人类还有很长的路要走。

后来的故事我们都已经知道了，2016 年 AlphaGo 横空出世，五番棋 4 比 1 击败韩国国手李世石；之后又在 2017 年初以"MASTER"之名在弈城和野狐横扫各国顶级选手 60 连胜；最终，在与代表了人类当下最高围棋水准的柯洁进行的三番棋中全胜，宣告了 AI 已在围棋项目上彻底击败人类。

除了 AlphaGo，腾讯开发的围棋 AI"绝艺"同样在野狐平台上进行公测，600 场对局胜率高达 70% 以上，战胜过包括常昊、柯洁、时越等诸多冠军级别棋手。

尽管在短时间内这些高级 AI 还不至于被私人用于作弊，但有着强力象棋 AI 使得游戏环境恶化的前车之鉴，这无疑也将成为一些网络围棋爱好者心头的一朵乌云。

三、未来更美好

围棋在未来依然是小众游戏。但是这个小众游戏的绝对人群数量远远超过以往任何历史时期。我们从围棋入门、对弈人群、对弈时间三个方面，展望一下围棋的未来。

（一）市场成为主入口

过去围棋入口主要是熟人和课堂，随着时代发展，市场已经成为围棋的主要入口。未来这种情况还会加剧，市场成为围棋入门的垄断地位。其他情况的围棋入口会更加萎缩。据数据报告，围棋市场已经形成初步形成，但主要集中在入口的教育培训市场，提供围棋课外教育培训。据了解，现在全国围棋培训机构超过 10000 所，少儿围棋人口估计在 100 万以上。围棋教育市场是一个充满活力和机会的市场，新的资本会持续进入围棋市场。资本会更多地钟情于少儿围棋的入口，提供围棋启蒙产品。新的教学手段，比如网课、微信课、慕课等也会用在围棋培训上。包括本书介绍的通用围棋记谱方法，也会得到绝大多数培训机构的使用，未来十年，会成为围棋交流的国际通用语言。新的技术手段，提高了教学效率，更加加剧了围棋入口的集中度。老的教学方法，教学思路会被加速抛弃。

从围棋的发展趋势看，围棋人口由于少儿围棋培训，还会迎来一个大幅的增长。由于围棋入口市场的巨大作用，会迅速提升围棋的人口基数，极大地提高围棋的受众。目前围棋市场在入门阶段过度集中，在后继阶段基本缺失，未来可能会有所改变，延伸到后面的围棋娱乐休闲。围棋市场的网络化发展会有巨大的进步。通过围棋网络，吸引世界各个角落的围棋爱好者参与网上围棋活动。

（二）兴趣难以保持

绝大部分通过市场入口进入围棋天地的人，对围棋的兴趣，在之后的人生中难以保持。有的孩子学过围棋以后，终生不会主动下棋。这是未来社会节奏提升，多样化加剧带来的影响。闲适封闭的社会环境有利于围棋活动，造就了古代以来的历史围棋。开放包容的社会环境同样有利于围棋活动。两者的区别是对弈形式的区别，从只能面对面的对弈，发展到可以在网络上对弈；从熟人之间的对弈发展到素不相识的陌生人之间的对弈。网络世界的发展，让每个人都能找到兴趣相投的人。但是，由于市场入口的巨大开放，吸引了大量的儿童少年学习围棋，基本上是随着市场潮流被裹挟进了围棋培训课堂。他们天生可能就对围棋没有兴趣，或者由于过度培训产生了反感情绪，所以造成虽然学习了围棋，但对围棋没有兴趣，更不会说成年之后主动接触围棋。这是市场造成的教育失败。

有一些中国棋童去参加美国的围棋大会，而陪同的父母会下围棋而不下，仅仅是以监护人的身份参加。这个情况说明，有兴趣的人没有精力分心围棋，有时间有精力的小孩，他们的未来兴趣未必在围棋。父母投入精力陪同孩子远赴美国参加围棋活动，是想用围棋作为孩子成长的加分项。围棋的功利主义冲淡了对围棋本身的兴趣。

（三）精英天才涌现

围棋培训的普及，有助于发现围棋天才。早期的围棋启蒙，可以发现孩子是否具备围棋天赋，不至于被埋没。

围棋毕竟是一个需要耗费大量时间和精力的高智力游戏。需要耗得起时间和具备高端智力水平的人参加。所以围棋的未来属于两类人：一种是耗得起时间的人，另一种是具备高端智力水平的人。耗得起时间的人是大多数人，是围棋这个小众里的大众。他们是老人和孩子。孩子是在极其有限的少年时间里得到围棋启蒙，老人是在围棋的兴趣中消闲娱乐。具有高端围棋天赋的人是围棋小众里的精英。这些精英，在早期发现之后，大多会被留在围棋世界，帮助围棋冲顶，达到一个新的高峰。有些精英也未必会留在围棋里面，也有可能很少从事围棋活动。围棋的小众人群会两极分化，一端是普及化的老人和孩子，另一端是高端化的精英和天才。

围棋的普及，会有助于发现围棋精英，使得有围棋天赋的人不至于被埋没。

围棋登上新的高峰，必然需要新的认识和理念，新的技术和手段。谁掌握了围棋的核心技术，谁就能站在围棋的巅峰。通用围棋记谱方法就是围棋的核心技术之一。通用围棋记谱方法可以在文本中随时插入一段棋谱，可以在谈话中随时讨论围棋。围棋棋盘不再是不可言说的一个个方格，围棋棋阵不再是不可名状的一个个图形，围棋落子不再是只能指划的一个个落点。围棋精英必须借助于通用围棋记谱方法，才能够使得围棋更加科学规范。围棋精英必须借助于通用围棋记谱方法，才能够使自己的思想更加清晰可现。围棋的入门启蒙也必须教给孩子们先进的东西，最先进围棋记谱方法。

在围棋的精英中，会产生精英中的精英，围棋天才。一百个精英抵不上一个天才的局面还会再现。围棋天才会借助于通用围棋记谱方法，把围棋推向一个从没有企及的高度。

总之，围棋未来的情景会更加美好，围棋的国际化程度会越来越高。精英围棋和快乐围棋都会得到新的发展。通用围棋记谱方法会在未来的围棋发展中发挥重要作用。简单地说，学会本书的围棋语言，可以走遍世界教授围棋、学习围棋、享受围棋。

第三节 礼仪与其他

一、礼仪不重要

围棋最大的礼仪是认输，其他都不重要。

在许多场合，似乎对围棋礼仪强调的有些过头。最过头的是第一手的落点。标准的礼仪落点是在右上角，2区，但是右上角有一个点是非常不礼貌的，如图1-2的第一手，即1●243。右上角第一手落点的礼仪和禁忌是从日本的围棋传统来的。这一点在很长一段时间深入人心。网络对弈中有人故意用这一手激怒对手，也有人确实是无知。笔者在网上遇到对手第一手走到1●243的时候，就会直接认输，成为一个无效对局，不和他下就是了。因为往往这样的对手会死缠烂打，对局过程中不断地在留言区恶言相向，最后还赖皮，不认输，断线，等等，各种恶心的盘外招。其实想起来，只有面对面的对局中，1●243才是传统第一手的礼仪禁忌，网络对局中这一视角是不存在的，两个棋手面对的是同一个视角的棋盘，不是现实面对面的各自的棋盘视角。虽然如此，但在遇到1●243时候尽可能地回避。如此一来，网络对局中的1●443也让讲究第一手礼仪的人心里不舒服。就是说，对方右手的43位置是传统的第一手忌讳。尽量避免吧。

或许这是围棋礼仪的陈规陋习，随着不知道的人越来越多可能会被抛弃。但是，围棋毕竟是讲究细节的游戏，于极其细微之处可以看到棋局进程的是高手，于极其细微之处可以看人的也是高手。

《玉泉子》中说，东都留守吕元应，常和门客们下棋。一次正下着棋，送来了紧急公文要他处理。吕元应立刻拿起公文阅览批复，下棋的门客迅速偷换了一子。他以为吕元应处理文件，一时不会注意棋局。然而门客的小动作，吕元应看得清楚，却未动声色。门客胜了这盘棋。第二天，吕元应就请这位门客走了，谁也不知为什么，连那位门客自己也不明其中缘由。临行时，吕元应照例送了许多东西，以礼相待。十多年过去了，吕元应因病不治行将离世，他把儿子、侄子叫到床前，对他们说："交朋友必须认真选择。"接着，他向他们讲述了十年前与门客下棋的那段往事，说，"当时偷换了一个棋子，我倒并不介意，但由此可见此人心迹卑下，不可深交。你们一定要记住这些。"说完，便与世长辞了。

这件事情说明，下棋时不要搞用不着的小动作，以及莫名其妙的盘外招。只要不搞用不着的小动作，就是做到了基本的围棋礼仪。早些年间，有些棋手喜欢搞一些盘外招。比如，猛拍棋子、不停地抽烟、做奇怪的表情、脱鞋脱袜子等，又比如拿把折扇，看似风雅，却不停地打开合上，把扇子扇得呼呼响，等等。这些都是有失围棋礼仪的。以后会有比赛规定，不许带任何东西在比赛期间玩弄，包括看自己的手把件和玩手机。还有故意挪动椅子，制造声响干扰对手，都会被裁判警告。正式的比赛如此，闲暇随便玩玩也应该借鉴注意。

围棋是君子游戏，礼仪是个人修为。各种细节还在其次，在棋盘势力已定的情况下，主动认输是最大的礼仪。个人认为胜利无望的情况下，各种搅局不是围棋精神，更有悖围棋礼仪。期待通过搅局让对手出错，不是围棋礼仪的风格，所以这样的棋风让一些传统棋人很反感。现在不但某些人这样下棋，AI似乎也这样下棋。在棋局的进程中不好判断"搅局"手段，但是不认输的人总归让人感觉不好吧。

二、还棋头更精彩

还棋头是古代计算胜负的一种算法。现在看起来比较复杂。所谓"还棋头"，就是明清数子规则下，终局判定胜负时，多一块棋的一方要多付出一子给对方。现在可以简单理解为，在比较双方占据位置多少的前提下，还有比较双方棋阵数量的考虑。也就是说棋阵数量的差异数，也要像贴子数那样，参与棋子数目的加成。

这样一来，分断对方，增加对方的棋阵数，就是相当于减少了对方的一个位置数。也就是说，在一定的局面下，除了要考虑连接与切断给整个棋局带来的死活得失问题，还要考虑还棋头对目数带来的具体影响。对局考虑因素更多，自然就增加了围棋的复杂程度。

从古代棋谚来说，有还棋头的说法才是符合的。因为还棋头，中腹的地位才会凸显出来。还棋头导致对局更注重中腹的控制权，只有向中腹出头，才能便于联络。还棋头是鼓励切断，鼓励战斗的规则。现代围棋取消了还棋头，所以，棋阵可以搞独立据点，不十分强调向中腹出头与联络。古代《棋经十三篇》："高者在腹，下者在边，中者占角，此棋家之常然"。没有了还棋头的规矩，"高者在腹"就黯然失色，在人们眼中就失去了意义。"高者在腹"变得很难理解，棋谚"金角银边草肚皮"大行于世。现在理解的"高者在腹"只是认为中腹变化很多，不好把握，是不太贴合古棋谚的含义的。所谓宇宙流也没有得到"高者在腹"的真谛。

在还棋头的规则下，外势价值变大，掏空价值变小，就会对目前轻外势重实利的下法有所影响。尽可能地把对方打散为多个棋阵，尽可能地减少己方的棋阵数量，除了现在位置数目的争夺，还有棋阵数量的较量，将会使得对局更加激烈。这样一来，大模样下法将会受到重视，而大模样作战的棋往往会引发全局性战斗，围棋将会比现在棋规之下更加精彩激烈。而且吃子的价值变大，也会更有利于棋局导向战斗。由于外势价值变大，大模样下法可行，黑方先手价值自然变大，也将改变目前黑贴7目半负担过重的情况。最根本的是计活子规则，棋盘上不会有任何争议，双虚终局就是双方都无处落子时数双方在棋盘上的棋子数。

"基本眼位非目"是还棋头的逻辑。深究下去，还涉及"俘子"的问题。甚至还涉及终局条件的问题。敦煌《棋经》"子多为胜"四字，极简地概括了围棋胜负是如何判定的。本质上，围棋需要下到"两溢"后再判定胜负。先唐"停道"之棋、唐宋"填空数路法"，明清"还棋头数子法"，都是胜负判定时采取的简化办法。但在围棋向日本的传播过程中，围棋胜负判定的本质似乎被湮灭了，发生了某种扭曲。

也许在认识上还存在着某种偏差，但还棋头有其本身合理性。符合实战解决，不许虚手的理念。还棋头是要下到填子到不能下为止。现在没有人深究古棋背后的理念和韵味，没有深层次地理解两眼活棋的根本。人们只是在现有的规则下面下棋，无视古人的智慧，也体会不到古人的智慧。赞成"座子、还棋头"的古棋规则的人似乎还大有人在。在这里说说"还棋头"也并不是认同完全复古，只是认为对"还棋头"可以进行某种探讨，可以激发对古棋的研究和理解，也有某种趣味，可以在小范围做些对局尝试也是有益的。每一次复古，也是更大意义上的一次创新。

三、座子棋与全局杀

座子制是和还棋头连在一起的，都是中国古代的棋规。座子制和还棋头是导致中国古代棋手喜攻好杀的原因。

座子制使局面一开始就处于对称分割状态，使规则对双方都公平，也是对先手方的一种制约，否则先手方就太主动了。日本取消了座子制，又用贴目制消弱了先手方的优势，丰富了围棋的变化，但是从某些方面背离了围棋的某种精神。

抛开座子制不谈，现在有一种全局杀的思路。

这种思路是围棋理论和实践的结果，在 AI 的冲击下，更加快了人们的思考。

1978 年藤泽秀行提出拿到 100 元为目标，而不是拿到 51 元为目标，就是这种全局杀思路的觉醒。

从道策提出原始布局理论，围棋就进入了拿到 51 元的思路。布局理论指导下的围棋，"主要特点是利用厚势的自然子效拆边然后成空的构思，强调布局。这种围棋构思影响了整个日本近现代围棋的发展，并给出了很多相关的经验性总结，比如，千万不要靠近对方的厚势行棋，不要试图攻击厚势，不要开局点三三，不要攻击对方的厚势，等等"。棋局的进程大都遵循前辈的教导，各自争取拿到 51 元。"80 手以后的棋基本都是官子棋了，一局棋大部分时间双方在收官和拼官子，这种全局铺地板的棋作为棋迷而言看着打瞌睡"。围棋比赛当然不是为了棋迷的感受，但是，围棋有自身的道理。

全局杀的思路认为，通过全局的主动进攻，更容易取得优势，掌握对局的主动权。

韩国围棋主动进攻，到处挑起事端的对局实践，是对布局理论的冲击，是全局杀思路萌芽，但还没有形成全局杀的理论思路。

"中国的围棋通过不停地追赶，已经完全实现反超，并形成了引领当前围棋的行棋新潮流。出现了古力、孔杰和常昊等承前启后的高手。之后在这几年又形成了柯洁、时越和辜梓豪等为代表的革新派，开启全局攻杀行棋逻辑的棋手。"

这些棋手的围棋实践是全局杀的方向，但还没有出现特别站得住脚的"全局杀理论"。所以说是"全局杀思路"。

这种思路认为："当前围棋的发展正在朝着这样的趋势靠拢：那就是棋局构思更加复杂，攻杀局面多，因此棋迷喜欢看。为了达到这个效果，当前这一代的围棋有着鲜明的特点：最大化消除厚势形成的自然子效，将全局抽象为双方的对杀局，故这种构思可以称之为全局杀。其实这种构思也是人工智能围棋给大家最大的震撼。就是没有什么棋不可以走，厚势可以攻击，三三开局就可以点，妖刀定式要重新认识，等等。直到现在，大家突然发现只有走消除对方厚味的棋才是最好的棋局，这种棋局因为双方的势力形成的子效最大化对冲，使得黑棋的先着的效力不明显或者基本消失。这个时代出现的特点是以 AI 为代表的重新审视围棋的布局和中盘行棋思路的围棋。那就是真正的全局一盘棋，通过全局的分割形成多个棋阵之间的关联，从而形成复杂的攻杀棋局，彻底抛弃前一代互围浅消模式的传统围棋构思，攻杀模式将是第一思维。我们可以将当前的这种围棋的发展趋势概括为一个重要特征：全局分割全局杀"。

不管怎么表述，主动进攻是围棋的精髓所在。通过主动进攻可以取得全局的优势，乃至最终的胜利。这是不言而喻的。需要期待的是围棋实践的证明，和围棋理论的升华。

"目前中日韩都已经有类似构思的棋手，日本的井山裕太应该也算是一个，韩国的二申，中国棋手就太多了，相信未来的人类围棋比赛会越来越好看。"抛开好看不好看，随着围棋的发展，人们应该更加接近围棋的本质，发现更多的围棋奥秘。

四、盲棋更好看

王积薪是唐玄宗时的棋手。据说开元年间，王积薪曾在丞相张说府上与一行和尚下过棋。王积薪自我感觉知棋力不差，不久便去投考翰林。果然一战告捷，成为棋待诏。以后他就常在宫中陪唐玄宗下棋（《西阳杂俎》）。

王积薪性情豁达，不拘小节。在棋艺上精益求精，勤勉好学。他成名后，不以名家自居，每次外出旅行，总要带上一个口袋，里面放着棋子和布棋盘。途中遇见民间高手，就对弈一局。谁要赢能他，赌一席美酒佳肴。

王积薪棋术功成，自谓天下无敌。将游京师，宿于逆旅。既灭烛，闻主人媪隔壁呼其妇曰："良宵难遣，可棋一局乎？"妇曰："诺。"媪曰："第几道下子矣。"妇曰："第几道下子矣。"各言数十。媪曰："尔败矣。"妇曰："伏局。"积薪暗记，明日复其势，意思皆所不及也。（唐·李肇《国史补》）

关于"王积薪闻棋"的传说，薛用弱《集异记》增加了很多细节，唯"唐元宗"不可信，做"唐玄宗"更合理一些。

说王积薪寓宿于山中孤姥之家，但有妇姑，止给水火。才暝，妇姑皆阖户而休，积薪栖于檐下，夜阑不寐。忽闻室内姑谓妇曰："良宵无以为适，与子围棋一赌可乎？"妇曰："诺。"积薪私心奇之，况堂内素无灯烛，又妇姑各处东西室，积薪乃附耳门扉。俄闻妇曰："起二三四置子矣。"姑应曰："一四四置子矣。"妇又曰："四四三置子矣。"姑又应曰："二五四置子矣。"每置一子，皆良久思维，将至子夜，积薪一一密记其下，止八十三。忽闻妇曰："子已败矣，吾止胜九枰矣。"姑亦甘焉。积薪迟明具衣冠请问，孤姥曰："尔可率己之意而按局置子焉。"积薪即出囊中局，尽平生之秘妙而布子，未及十数，孤姥谓妇曰："是子可教以常势耳。"妇乃指示攻守杀夺救应防拒之法，其意甚略，积薪即更求其说。孤姥笑曰："止此已无敌于人间矣。"积薪虔谢而别，行十数步，再诣则已失向之室闾矣。自是积薪之艺，绝无其伦。即布所记姑妇对敌之势，罄竭心力，较其九枰之胜，终不能得也。因名《邓艾开蜀势》，至今棋图有焉，而世人终莫得而解矣。

就比如是这个棋谱：

//1 ● 234 ○ 144/2 ● 443 ○ 254/3 ● 334 ○ 445/4 ● 253 ○ 263/5 ● 243 ○ 464/6 ● 363 ○ 433/7 ● 452 ○ 432/8 ● 473 ○ 444/9 ● 474 ○ 330/10 ● 437 ○ 436/11 ● 426 ○ 447/12 ● 438 ○ 425/13 ● 448 ○ 494/14 ● 476 ○ 467/15 ● 469 ○ 477/16 ● 486 ○ 479/17 ● 460 ○ 458/18 ● 459 ○ 440/19 ● 449 ○ 247/20 ● 264 ○ 430/21 ● 487 ○ 267/22 ● 274 ○ 470/23 ● 279 ○ 465/24 ● 259 ○ 475/25 ● 287 ○ 226/26 ● 485 ○ 484/27 ● 492 ○ 463/28 ● 403 ○ 404/29 ● 393 ○ 394/30 ● 478 ○ 383/31 ● 382 ○ 499/32 ● 468 ○ 488/33 ● 490 ○ 409/34 ● 238 ○ 248/35 ● 228 ○ 235/36 ● 245 ○ 246/37 ● 225 ○ 237/38 ● 236 ○ 286/39 ● 276 ○ 235/40 ● 214 ○ 255/41 ● 244 ○ 277/42 ● 297///（共计 83 手，42 回合。●中盘胜。●尹渠二段，○丰云九段。第一届吴清源杯世界女子围棋赛首轮。）

王积薪隔墙听了一局盲棋。

象棋的盲棋赛在不断刷新纪录，围棋盲棋却非常少见。有不少高手也曾尝试着闯这块禁区，陈祖德九段曾一对一下过盲棋，但坚持到 200 多手就难以为继了。韩国围棋高手睦镇硕自恃记忆力高强，也尝试了一回围棋盲棋，结果下了不到 200 手，便因记忆出现混乱不得不中止。日本羽根泰正九段的盲棋表演，也没有逃脱失败的命运。北京市业余围棋高手鲍云 6 段，围棋盲棋吉尼斯世界纪录保持者，曾得过美国围棋大会正赛冠军。近年来，他与电视台的《最强大脑》节目有深度合作。鲍云共下过 81 盘盲棋，从未出现过失忆现象。他还尝试过盲棋的三面打，并获得成功。鲍云在竞技围棋领域的成绩虽不是非常出色，但在盲棋这块"禁区"闯出了一片新天地。

记住上面的一段棋谱，对很多人来说都是可以完成的。如果本围棋记谱方法得以普及推广，可以下围棋盲棋的少年棋手会大量涌现。围棋的双盲棋形式会吸引大众的注意力，扩大围棋的影响。围棋盲棋有助于培养围棋少年，发现围棋天才。未来的围棋冠军必然是掌握了本记谱方法，可以下盲棋的人。

附录

一、围棋记谱法

对围棋记谱法的一点研究

笔者对围棋记谱法作了一点研究，认为围棋记谱法可以分为以下几类：

（1）图示法。

（2）坐标法。

1）正坐标法。

2）标准坐标法。

（3）中国记法。

1）古代记法。

2）现代记法。

下面分别谈谈。

（1）图示法是现在通行的记法，即画出棋盘或局部，在其上标注运棋的次序和黑白。优点是直观、形象。缺点是抄、记不太方便，不好改错和研究变着，不能下盲棋等。

（2）坐标法又分为两类。正坐标法以棋盘的左下角为原点，以左边线为纵轴，下边线为横轴，建立坐标（见附图1）。

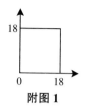

附图 1

全盘所有的点都可以用正坐标数表示。如右上角表示为（18，18）。此办法实用价值差，仅在某些入门讲座中用到；标准坐标法是以天元为原点，以过天元的横线为横坐标轴，以过天元的纵线为纵坐标轴，建立坐标（见附图 2）。

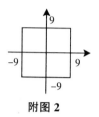

附图 2

把棋盘分为四个相等的象限，是一个标准的数学坐标。因为两条基线（横、纵坐标轴）不易辨认，故该记谱法没有实用价值。除非用机器识记。

（3）中国记法。我国古代是将棋盘分为五个部分（见附图 3）。

附图 3

分别命名为上、平、去、入、天元。天元仅为一点，其他四部分是 8×9 的长方形。记时先记长边，后记短边。如黑子左下角星位，记为黑平四、四，白左托为白平四、三，下托为白平三、四。这种记法便于注释、作旁批。但是现在已很难见到了。因为上、平、去、入四部分是关于天元的中心对称，对现代的棋手已经很不习惯了。

综合以上四种方法的优点，吸取中国象棋记谱法和国际象棋记谱法的优点。可以把棋盘分为四个正方形和一个十字线，成为四个 9 格棋盘（见附图 4）。

附图 4

　　记谱时先横数记经线位置，后纵数记纬线位置。分别从四条边线计数，最大计到 9。第 10 条线为过天元的两条线（十字线），记为 0。并规定从左向右数为正，从右向左数为负；从上向下数为正，从下向上数为负。这样四个部分的正负号就如图四所示。与数学坐标的正负区间不相一致，并且全部从外向天元线（原点轴线）计数。比如左下角的星位就是（44）（负号记在数字下面），从下托一手记为（43），从左托一手记为（34）。也就是说，从左向右第 3 条纵线，记为 3；从下向上数第 4 条横线，记为 4。同理，在右下角的星位下托一手，记为（43），是因为，从右向左数第 4 条纵线，记为 4；从下向上数第 3 条横线，记为 3。再如左边中星位记为（40）。是由于，从左向右数第 4 条纵线，记为 4；从上向下数或从下向上数，都是第 10 条线，过天元的横线，记为 0，不涉及正负号。这样也就是把 19 条纵线（经线），从左到右分别命名为 1234567890987654321；把 19 条横线（纬线），从上到下分别命名为 1234567890987654321。在全盘上表示如附图 5 所示。

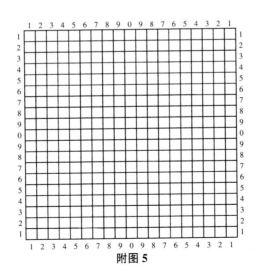

附图 5

可见左上角全为＋＋，右上角为－＋，左下角为＋＋，右下角为－－。

具体定位方法是：以记谱者为准，他面对的左上角为（＋＋）。（＋＋）象限确定以后，其他也就随之确定。

简单归结为两条口诀：

（1）先左右找纵线，后上下数横线（纵为经线，横为纬线，先经后纬，经纬）。

（2）从左向右为正，反之为负；从上向下为正，反之为负。

（与书写的次序是一致的。左边中间星位记为（40），其上托为（49），下托为（49））

这种记法便于注释。因为全盘361个点全有名称，并且是只用两个阿拉伯数字加一短横线表示。好写易记。也便于分析变着，不用另画小图。比如在右下角，1. (34) 2. (53) 3. (83)。如果〇4. (56) ●5. (37) 6. (94) 7. (76) 是常见定式，但由于白在（＋－）区域低位，〇4.6.夹击的迫力不足。况且，如想在下方围地，势必会使●在（＋－）成起大空。如〇4. (64) 5. (46) 6. (32) 7. (30)，也是常见定式。不过让●与（＋＋）配合，在全局最重要地带得到7. (30) 开拆，〇无趣。实战为〇4. (74) 新招，●5. (84) 6. (85) 有力，7. (95) 8. (73) 是形的急所。

单数顺序为黑方，双数顺序为白方，一目了然。

再如，原注解为"黑49肩冲好点，白56软弱，应该在B位扳"。还需要对照图示，才能明白。用这种记谱方法可以改为："黑49（04）好点，白56（83）软弱，应该在（84）"。其位置已经在脑海，不需要对照图示。

打谱、默盘是围棋的基本功，把19格盘通盘记下来是高手的功夫，一般学习者不易做到。而把全盘分成四个部分，有助于初学者记忆，在脑子里形成清晰的棋路，利于提高棋力。下盲棋更是锻炼棋力的好方法，而由于古代围棋记谱法的断代和现代通行的是图式法，下盲棋的形式实际上已经绝迹了。而有了这个记谱方法，可以使棋手在短时间里学会下盲棋。对提高棋力大有好处。另外，这个记谱方法还便于手工抄录。便于印刷，降低印刷成本，节约版面，增加印刷品的容量。因为这种记谱法使围棋的361个交叉点都有了标准的名称，只用两个阿拉伯码和一条横线就可以记谱和解说。有利于围棋在世界范围内推广。如 201（99），202（78），或加上黑白棋子点 ●201（99），○202（78）。这些符号为世界通用，比尖、托、跳、冲等局部术语要容易传播。另外该记谱法的 44，33，00等，和传统观念、术语也很吻合。用这种记法还可以进行通讯比赛，可以用电话、电报传谱，比面对面的比赛要节约大量费用，并且增加趣殊，吸引众多人参加。

我把这种记谱方法叫作**中国现代围棋记谱法**。

一稿　一九九一年一月十六日　北京

定稿　一九九六年五月十五日　深圳

一种围棋记谱方法（上文提要）

将棋盘上的 19 条纵线（经线），从左向右分别命名为1234567890987654321；19 条横线（纬线），从上到下分别命名为1234567890987654321。记谱时**先经后纬**（先左右找纵线，后上下数横线）。

举例：1.●34○44，2.●44○43，3.●53○30，4●38○37，5.●73○24，6.●36○34，7.●39○39，8●63○43，9.●94○47，10.●46○37，11.●27○28　12●38○26，13.●17○16，14.●57○18，15.●27○17，16.●48○65，17.●84○55（下略，取自第九届富士通杯)。

用途：

（1）改良印刷品的棋谱视觉效果，节约版面，增加容量。

（2）举办通讯比赛、盲棋比赛、报纸比赛。

（3）用于围棋教学。

（4）有利于围棋在世界范围内推广。

二、专利说明书

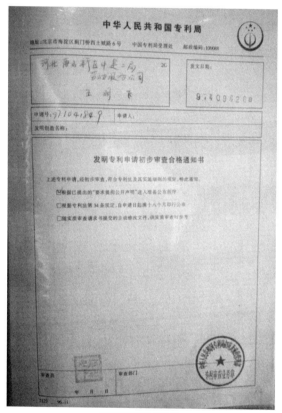

现代围棋记谱法

　　本发明涉及围棋记录方法，更具体地说，涉及现代围棋记谱法。

　　众所周知，输入方法及编码是东方文化在现代信息自动化技术方面的关键之一。然而，如何使有五千年以上历史的，在亿万人中流行的围棋记录方法，变成国际通行、人机共享的阿拉伯数字代码，用电子、有线和无线电技术进行国际性的信息交流，是当今世界上亟待解决的难题。

　　以往出现的和现在使用的围棋记录方法，都存在着烦琐，不易辨认，不易记忆的缺点。

　　例如，现在通行的图示法，即画出棋盘或局部，在其上标注运棋的次序和黑白颜色。其优点在于直观、形象。其不足在于标明的序号往往离得很近或很远，排列在形式上没有规律，读谱时影响思维的连贯性，不利于读谱和研究变着。由于图形与数字结合，抄写、记忆不方便，不好改错，不能直接用于自动化技术。

坐标记法，即以棋盘的边线或中线为坐标轴，建立坐标，是一种没有流行的记录方式，实用价值差，仅在某些入门讲座中用到。其优点在于适合机器识记。其不足之处是与传统的常识和术语不符，不能总结出围棋的规律，不符合围棋的实质。

中国古代记法，是将棋盘分为五个部分，分别命名为上、平、去、入、天元。优点是便于印刷和读写，便于研究变着，能够下盲棋。缺点有三条：首先，五个部分划分不均衡，天元只有一个点，其他四个部分是关于中心对称，与棋盘的四方形状的实质不一致；其次，四个部分的起点不一样，方向也不一样，不便于记忆；最后，不利于机器识读。

有鉴于此，本发明的目的在于提供一种基于围棋爱好者人人皆知的常识和习惯，方便抄写和研究，世界通用，人机共享的现代围棋记谱法。

本发明的现代围棋记谱法是从棋盘边线开始，将一位数码按1、2、3、4、5、6、7、8、9、0、9、8、7、6、5、4、3、2、1与棋盘线路一一对应，按照从左向右，从上向下的习惯，将与此相同的序号前加正号"+"；与此相反的序号前加负号"−"。也就是说把19条纵线（经线），从左到右分别命名为+1、+2、+3、+4、+5、+6、+7、+8、+9、0、−9、−8、−7、−6、−5、−4、−3、−2、−1；把19条横线（纬线），从上到下分别命名为+1、+2、+3、+4、+5、+6、+7、+8、+9、0、−9、−8、−7、−6、−5、−4、−3、−2、−1。记谱时正号"+"可以省略，负号"−"可以写在一位数码的下面，即如1 2 3 4 5 6 7 8 9 0 9 8 7 6 5 4 3 2 1。记谱时先记每个交叉点对应的纵线（经线）位置，后记对应的横线（纬线）位置，先经后纬，也就是说棋盘上的361个点都有了对应固定的，可以用两个带有正负号的一位数码表示的名称。显而易见，棋盘上的点自然分成了四个区域，左上角对应为++，右上角对应为−+，左下角对应为+−，右下角对应为−−。将左上角的++区域对应记为1，右上角的−+区域对应记为2，左下角的+−区域对应记为3，右下角的−−区域对应记为4，则用三个一位数码即可记录围棋棋子的位置，三个一位数码均不带正负号。这样，用两个或三个一位数码即可记录围棋棋子的位置。并把前者称为现代围棋（标准）记谱法，把后者称为现代围棋（变通）记谱法。

与以往的围棋记录方法相比，本发明的优点和效果是显著的。

本发明全面确定了围棋棋盘上的 361 个点，扬弃了模糊不清的围棋术语，如"尖、冲、飞、虎"等。

本发明简洁明了，利用两个一位的阿拉伯数字即可表示，使围棋记录数字化，有利于在全世界推广围棋运动。

本发明能广泛地用计算机的数字键盘记录围棋棋谱，甚至可以用普通计算器、电子记事簿进行围棋记录。

本发明还适合于人工抄写和记录，人工识读，便于印刷，可以改善印刷品的视觉效果。

本发明可用无线传呼机接收棋谱，可在电话中口述棋谱，还可以用电报传谱，增加了围棋棋谱的载体。

此外，本发明至少还可以在以下十个方面应用：①编制围棋软件；②制作电子围棋棋盘；③开发电子记谱工具；④用于围棋教学；⑤用于围棋印刷品；⑥用于围棋盲棋比赛；⑦研究机器智能；⑧总结围棋内在规律；⑨用于围棋常规比赛；⑩用于围棋通讯比赛。

本发明使复杂的围棋记录变成简明、易记的数字码，发掘出了围棋内在的美质，使围棋记录变成科学、规范、精练、整齐、优美的集约化的数字码，从而成为东西方文明交流的一座宏伟的桥梁。

以下，将结合实施例对本发明作更详细的叙述。

实施例 1

现代围棋（标准）记谱法

按记录者的位置，把棋盘上的 19 条纵线（经线），从左到右分别命名为+1、+2、+3、+4、+5、+6、+7、+8、+9、0、-9、-8、-7、-6、-5、-4、-3、-2、-1；把 19 条横线（纬线），从上到下分别命名为+1、+2、+3、+4、+5、+6、+7、+8、+9、0、-9、-8、-7、-6、-5、-4、-3、-2、-1。记谱时正号"+"可以省

略，负号"–"可以写在一位数码的下面，即如 1 2 3 4 5 6 7 8 9 0 9 8 7 6 5 4 3 2 1。记谱时先记每个交叉点对应的纵线（经线）位置，后记对应的横线（纬线）位置，先经后纬，即先左右找纵线，后上下数横线。

比如左下角的星位就是（4 4）（负号记在数字下面），从下托一手记为（4 3），从左托一手记为（3 4）（从左向右第 3 条纵线，记为 3，从下向上数第 4 条横线，记为 4）。同理，在右下角的星位下托一手，记为（4 3）（从右向左数第 4 条纵线，记为 4；从下向上数第 3 条横线，记为 3）。再比如左边中星位记为（4 0）（从左向右数第 4 条纵线，记为 4；从上向下数或从下向上数，都是第 10 条线，过天元的横线，记为 0，不涉及正负号）。

举例 1.●3 4.○4 4 2.●4 4.○4 3 3.●5 3，○3 0 4.●3 8.○3 7 5.●7 3，○2 4 6.●3 6.○3 4 7.●3 9.○3 9 8.●6 3.○4 3 9.●9 4.○4 7 10.●4 6.○3 7 11.●2 7.○2 8 12.●3 8.○2 6 13.●1 7.○1 6 14.●5 7.○1 8 15.●2 7，○1 7 16.●4 8.○6 5 17.●8 4.○5 5（下略，取自第九届富士通杯）。

也可以不加黑白标志，而根据单双步数判断黑白，单数即为黑棋，双数即为白棋。

举例 1.3 4，2.4 4，3.4 4，4.4 3，5.5 3，6.3 0，7.3 8，8.3 7，9.7 3，10.2 4，11.3 6，12.3 4，13.3 9，14.3 9，15.6 3，16.4 3，17.9 4，18.4 7，19.4 6，20.3 7，21.2 7，22.2 8，23.3 8，24.2 6，25.1 7，26.1 6，27.5 7，28.1 8，29.2 7.30.1 7，31.4 8，32.6 5，33.8 4，34.5 5（下略，取自第九届富士通杯）。

本发明的现代围棋记谱法便于注释。因为全盘 361 个点都有标准的名称，并且是只用两个阿拉伯数字加一短横线表示。好写易记。也便于分析变着，不用另画小图。比如在右下角，1.（3 4）2.（5 3）3.（8 3）。如果○4.（5 6）●5.（3 7）6.（9 4）7.（7 6）是常见定式，但由于白在（+–）区域低位，○4.6.夹击的迫力不足。况且，如想在下方围地，势必会使●在（+–）成起大空。如○4.（6 4）5.（4 6）6.（3 2）7.（3 0），也是常见定式。不过让●与（++）配合，在全局最重要地带得到 7.（3 0）开拆，○无趣。实战为○4.（7 4）新招，●5.（8 4）6.（8 5）有力，7.（9 5）8.（7 3）是形的急所。

单数顺序为黑方，双数顺序为白方，一目了然。

再如，原注解为"黑 49 肩冲好点，白 56 软弱，应该在 B 位扳"。还需要对照图示，才能明白。用本发明的现代围棋记谱法可以改为"黑 49（04）好点，白 56（83）软弱，应该在（84）"。其位置已经在脑海，不需要对照图示。

实施例 2

现代围棋（变通）记谱法

在上述现代围棋（标准）记谱法的基础上，将棋盘左上角的++区域对应记为 1，右上角的–+区域对应记为 2，左下角的+-区域对应记为 3，右下角的--区域对应记为 4，则用三个一位数码即可记录围棋棋子的位置，三个一位数码均不带正负号。即从棋盘边线开始，将一位数码按 1、2、3、4、5、6、7、8、9、0、9、8、7、6、5、4、3、2、1 与棋盘线路一一对应地命名棋盘的纵线和横线，则过天元的两条 0 线，十字线，把棋盘分成了同样的四个小棋盘，按照顺时针方向，从左上角开始，把四个小棋盘分别命名为 1、2、3、4，记录时，先记小棋盘的名称，再记纵线的名称，再记横线的名称，这样，用三个一位数码即可记录围棋棋子的位置。过天元的十字线同时属于相临的两个小棋盘，记录时可以任选其一。

举例 1.●234，○144 2.●444.○343 3.●253，○230 4.●238，○437 5.●473.○424 6.●336.○334 7.●339，○139 8.●163，○143 9.●194，○347 10.●346，○337 11.●327，○328 12.●338，○326 13.●317，○316 14.●357，○318 15.●327，○317 16.●348，○165 17.●284，○255（下略，取自第九届富士通杯）。

也可以不加黑白标志，而根据单双步数判断黑白，单数即为黑棋，双数即为白棋。

举例 1.234，2.144，3.444，4.343，5.253，6.230，7.238，8.437，9.473，10.424，11.336，12.334，13.339，14.139，15.163，16.143，17.194，18.347，19.346，20.337，21.327，22.328，23.338，24.326，25.317，26.316，27.357，28.318，29.327，30.317，31.348，32.165，33.284，34.255（下略，取自第九届富士通杯）。

　　打谱、默盘是围棋的基本功，把 19 格盘通盘记下来是高手的功夫，一般学习者不易做到。本发明把全盘分成四个相同的部分，有助于初学者记忆，在脑子里形成清晰的棋路，利于提高棋力。下盲棋是锻炼棋力的好方法，而由于古代围棋记谱法的断代和现代通行的是图式法，下盲棋的形式实际上已经绝迹了。而用本发明可以使棋手在短时间里学会下盲棋。对提高棋力大有好处。另外，本发明还便于手工抄录。便于印刷，降低印刷成本，节约版面，增加印刷品的容量。因为本发明使围棋的 361 个交叉点都有了标准的或变通的名称，只用两个或三个阿拉伯数码就可以记谱和解说。有利于围棋在世界范围内推广。如 201（199），202（478），或加上黑白棋子点 ●201（199），○202（478）。这些符号为世界通用，比尖、托、跳、冲等局部术语要容易传播。另外本发明的 44，33，00 等，和传统观念、术语也很吻合。用本发明还可以进行通讯比赛，可以用电话、电报传谱，比面对面的比赛节约大量费用，并且增加趣味，吸引众多人参加。

　　综上所述，本发明的优点还在于易推广、用途多。至少可以有下列几项可供开发应用。

　　（1）编制围棋软件。可以双向输入，便于分析变着。

　　（2）制作电子围棋棋盘。即时记录比赛双方的用时、着法等，并可存盘、打印，减少人工劳动，提高效率。

　　（3）开发电子记谱工具。可以开发出掌上型围棋记谱器，适合于围棋学习、研究和记录。

　　（4）用于围棋教学。如上所述，本发明十分适合于围棋教育和学习，有助于初学者记忆，在脑子里形成清晰的棋路，利于提高棋力。可以使棋手在短时间里学会下盲棋。对提高棋力大有好处。另外，本发明还适用于手工抄录，可以很方便地做笔记，可以脱离棋盘和图形，很方便地进行讨论和研究。

　　（5）用于围棋印刷品。不用制作图形版，简化印刷方式，降低印刷成本，节约版面，增加印刷品的容量。

　　（6）用于围棋盲棋比赛。利用本发明可以口头表述的性能，组织围棋的盲棋比赛，恢复围棋的一种传统比赛形式，提高围棋的观赏性。

　　（7）研究机器智能。更好地总结围棋经验，推动世界电脑围棋大赛水平。

（8）总结围棋内在规律。比如布局阶段棋子都分布在3、4、5线等，可以借助数字进行总结和研究，从而提高整个时代的围棋水平。

（9）用于围棋常规比赛。

（10）用于围棋通讯比赛。由于本发明可以借助于无线传呼机等通讯工具传递棋谱，所以可以利用本发明组织围棋无线通讯比赛、有线通讯比赛，还可以组织报纸通讯比赛，提高围棋的大众参与程度，降低围棋比赛的费用。

以上10项都同本发明使复杂烦琐的围棋记录变成简明、易记的数字码有关，本发明发掘了围棋内在的美质，使围棋记录变成科学、规范、精练、优美的集约化的数字，从而成为东西方文明大交流的一座宏伟的桥梁。

权利要求：

（1）一种现代围棋记谱法，其特征在于所说的记谱法是用两个或三个一位数码记录围棋棋子位置的方法。

（2）根据权利要求1所述的现代围棋记谱法，其特征在于所说的一位数码是从棋盘边线开始，按1、2、3、4、5、6、7、8、9、0、9、8、7、6、5、4、3、2、1与棋盘线路对应的。

（3）根据权利要求1、2所述的现代围棋记谱法，其特征在于所说的用两个一位数码记录围棋棋子位置时，一位数码带有正号或负号。

（4）根据权利要求1、2所述的现代围棋记谱法，其特征在于所说的用三个一位数码记录围棋棋子位置时，一位数码不带正负号。

说明书摘要：

本发明涉及围棋记录方法，更具体地涉及现代围棋记谱法。它是将一位数码按1、2、3、4、5、6、7、8、9、0、9、8、7、6、5、4、3、2、1与棋盘线路一一对应，按照习惯加记正负号。记谱时先经后纬。或变通地用三个一位数码记录。本发明简洁明了，世界通用，人机共享，使围棋记录数字化，增加棋谱载体，能够开发许多围棋电子产品，组织新型的围棋比赛，有利于在全世界推广围棋运动。

文档编号：A63F3/04GK1168294SQ9710418

专利申请号：971041849

公开日：1997 年 12 月 24 日

申请日：1997 年 4 月 30 日

优先权日：1997 年 4 月 30 日

发明者：王明飞，刘夏，王恒

申请人：王明飞，刘夏，王恒

三、进位制研究

关于进位制的讨论

摘要：假设：逢 M 进 N。M、N 均是变量。当 M＝10，N＝1 时，是十进制。M、N 的进位变化反应自然世界。进位制是因果关系。"逢 M"是因，"进 N"是果。"是、非、或、无"是可以认识的 4 种关系。

进位制是计数的基础，计数是现代数学的基础。长期以来，人们对进位制没有更深入的研究。本人在二十年前，为了学习围棋而研究围棋记谱方法，从围棋的封闭坐标，想到了一进制。在以后的不断思考中发现进位制的一般表示形式，进而思考进位制的各种不同情况。认识到逢进思想是人类现实思想的重要基础。本文试图讨论一下我对进位制的思考。

（一）进位制的一般假设

假设：

逢 M 进 N。

M、N 均是变量。

（二）两个变量的讨论

（1）常规状况

当 M＝10，N＝1 时，是我们都非常熟悉的十进制，是现代计数的基础。

当 M=2，6，7，12，60，365，N＝1 时，是人类现代生活中接触到的各种进位制。

一般地说，当 M≥2，且 M 是自然数，N＝1 时，是人们可以理解的常规进位制。

227

计数系统通过进位制联合成多层级复合塔式连锁结构。

（2）M 和 N 的定义

M 位容，是指每个数位所能容纳的最大变化量。当 M=10 时，每个数位的最大位容量是 10 个不同的数字符号，为十进位。位容数字符号相互各异，并有一定的大小顺序。位容数字符号必为其中之一，且只能是其中之一。

N 进位量，是指某次进到上一位的数字量。目前熟悉的进位量都是 1，用上一位的 1，代表下一位的最大位容量。

在一定条件下：

当 N≠1 时，可以换算为 N=1，M→M′。

当 N=1/2，M→M′，M′=2M，逢 M 进 1/2→逢 M′进 1。

当 N=0，M→M′，M′=∞M，逢 ∞ 进 1。

当 N=∞，M→M′，M′=0，逢 M 进 ∞→逢 0 进 1。→∞=0

（3）图示方法——如意算盘

为了形象直观地表示进位制，我们设想有一架理想的算盘，设该算盘有 X 档，每档有 M 个算珠，每一个算珠代表一个数量单位。如图：

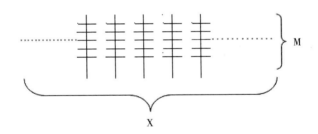

该算盘完全对应进位制的讨论内容。又称为如意算盘。

我国传统使用的算盘是十进制和五进制的混合。

（4）一进制的讨论

当 M=1，且 N=1 时，即逢 1 进 1。每一级位上都是逢 1 进 1，一旦有 1，即会不停地进位，所以不能确定为某一静止数。

一进制在如意算盘上的演示：

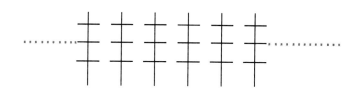

从开始进位，逢一进一，直到不停地进出如意算盘为止，是一个不停进位的过程，不是一个具体的、静止的数字。就像钟表上的指针不停地从如意算盘的各个数位档位上扫过。进位的速率 V，和如意算盘的档位数 X，决定进位过程所用的时间 T。它们的关系是：

V＝X/T

或者：X＝TV

假设 V 是每天进位一档，用时 365 天，那么这个算盘模型的大小 X 等于365 档。

一进制中，只要开始进位，必要进到该系统崩溃为止。

（5）关于 0 的讨论

1）当 M＝C（C 为常量），N＝0

当具备以上条件时，进位活动表现为一种刹车状态，当 M 的变化量达到 C时，由于逢 M 进 N，N＝0，计数的进位活动表现为从有具体的变化数量归于数字0。反映一种从有到无的过程。

2）当 M＝0，N＝C（C 为常量）

当具备以上条件时，进位活动表现为一种爆炸状态，当 M 为 0 时，由于逢M 进 N，N＝C（C 为常量）。就像从魔术师空无一物的手上，突然变出了一个苹果。反映一种从无到有的过程。

3）当 M＝0，N＝0

当具备以上条件时，进位活动表现为一种空无静寂的状态。由于逢 M 进 N，即逢 0 进 0，与逢 1 进 1 的不同在于逢 1 进 1 是可见的，逢 0 进 0 是不可见的。逢 0 进 0 并不是万般静止的，因为有逢进关系的存在，不停地逢 0 进 0 在运算着，只不过对人类讨论似乎没有意义而已。逢 1 进 1 是子弹在飞，逢 0 进 0 是幽灵的舞蹈。

（6）关于 ∞ 的讨论

1）当 M = 常量，N = ∞

当具备以上条件时，进位活动也是一种爆炸状态。当 M = 0，N = C（C 为常量），表现为一种从 0 开始的有限爆炸，当 M = 常量，N = ∞ 表现为以常量开始的无限爆炸。如果当 M = 0，N = C（C 为常量）称为 0 爆炸，那么 M = 常量，N = ∞ 对应地称为从有限开始的无限爆炸。当 M = 0，N = ∞ 时，才是严格意义上的无限爆炸。设逢 M 进 N，当 M = 0，N = ∞ 时，就是宇宙爆炸最简明的数学模型。

2）当 M = ∞，N = 常量

当具备以上条件时，进位活动也是一种刹车状态。M = C（C 为常量），N = 0 是 0 状态刹车，M = ∞，N = 常量是有限刹车。设逢 M 进 N，当 M = ∞，N = 0 时，就是宇宙黑洞最简明的数学模型。

3）当 M = ∞，N = ∞

当具备以上条件时，与逢一进一的可见，逢 0 进 0 的可想，是一种宇宙天文数量级的逢关系。逢 ∞ 进 ∞，是在一种极其宏大系统的进位变化状态，外星星系的变化可以用逢 ∞ 进 ∞ 来表示。

（7）关于常量的讨论

当 M = m，N = n

1）当 m > n 时，进位是收敛状态，收敛状态是人类可以把握的状态。当 n = 1，m ≥ 2 的自然数时，是现存的各种进位制。

2）当 m = n 时，进位是平移状态。进位表现为以 m = n 的数量，从进位系统的初始态，平移到进位系统的终态，并平移出进位系统。

3）当 m < n 时，进位是发散状态。发散量级与 m 小于 n 的程度有关，发散速度与进位时间有关。企业的扩张是一种发散进位。生物机体是一种发散进位。生物机体的癌变也是一种发散进位。

（三）系统容量的讨论

（1）位距

位距 Spacing，位距是进位系统中位与位之间的距离。如个位与十位之间是相临位距，十位与百位是相临位距，个位与百位是隔位位距，十位与千位是隔位位距。为了准确讨论位距，设位距为 S，并设每相临位距都是 1 个标准单位，那么个位与十位之间的位距 S=1，十位与百位之间的 S=1，百位与千位之间的 S=1，个位与百位之间的 S=2，个位与千位之间的 S=3，等等。

如此，传统的进位都是相邻进位。

下面我们讨论不相临进位。为了便于讨论，将进位制一般表示为：

逢 M 隔 S 进 N

当 S=1 时，是相临进位；

当 S>1 时，是不相临进位。

当 S>1 时，进位量会落到不相临的档位中去，相临的数会表现为没有进位关系，而进位关系要相隔 S 位才起作用。不相临进位在现实世界的表现形式更加普遍，相临进位却是进位的一种理想状态。

由于引入了位距 S 的因素，进位系统的变化更加复杂，最少可以有以下几种情况：

等距进位与不等距进位。当 S 是常数时，表现为等距进位；当 S 是变数时，表现为不等距进位。

规则进位与不规则进位。当 S 有规律时，表现为规则进位；当 S 无规律时，表现为不规则进位。

进位方向。当 S 有方向时，进位也相应地有方向。当 S 有正负时，进位也相应地有正进位与负进位。当 S 表现为脉动函数时，进位也相应表现为脉动进位。

以上假设相临位距为 1，如果相临位距不为 1，或各相临位距不相等，将会呈现更加复杂的进位系统，在此不加讨论。

（2）时间因素

当不考虑计数的时间因素时，进位系统的结构是与时间无关的，独立于时间之外静止的结构系统。但是，我们可以观察到客观世界中的许多计数，是建立在时间之上的。如生命体的寿命。以木本植物为例，松柏的寿命大于杨柳的寿命，假设木本植物有固定的系统进位容量，以植物的年轮为进位量参考，杨柳的进位量大于松柏，所以松柏的寿命大于杨柳。以龟兔为例，假设动物有固定的系统进位容量，兔的进位量大于龟，所以龟的寿命大于兔。如果进位时间是可确定的，进位系统就必然受时间因素制约，但是如果考虑时间因素，就必然超出数学的研究范畴。故而，不对时间因素更深入的探讨。但是自然进位中时间因素是不能回避的因素。在自然数之外有许多人工数。自然进位远比人类了解的进位丰富、复杂。

（3）系统容量

通过以上分析，可以得出：

系统容量 Q＝MN/S

（四）制理分析

（1）是关系

是关系：是指"逢 M"必然是"进 N"。

逢进的本质是因果关系，"逢 M"是因，"进 N"是果，"隔 S"是因的条件之一。因果关系是必然关系，是肯定的关系，可以简称为"必关系"，为了表述上的方便也可以简称为"是关系"，"是"是肯定的、必然的含义。

当表现为"逢 M"时，在以后的发展中必然演变为"进 N"，"进 N"，是"逢 M"的结果。"是关系"是推导的可靠依据。"是关系"是亲关系，友好关系。

进位制将各档位的容量联合成多层级复合塔式连锁结构。多层级复合塔式连锁结构是计数的基础。人类的知识主要是"是关系"。

（2）非关系

非关系：是指"逢 M"必然不是"进 N"。

非关系是否定关系、敌对关系、相反关系。这种非关系是必然否定、必然敌对、必然相反的关系。"非关系"是"是关系"的反面呈现。人类对"非关系"的了解量仅次于"是关系"。

（3）或关系

或关系：是指"逢 M"或"进 N"或"不进 N"。

或关系是"是关系"与"非关系"的插值，既可能是"是关系"，又可能是"非关系"；既不是"是关系"，又不是"非关系"。是介于"是关系"和"非关系"的中间关系，是可能出现"是关系"或"非关系"的一种或然关系。人类对"或关系"的了解又少于"非关系"。

（4）无关系

无关系：是指"逢 M"与"进 N"没有关系。

既然"无关系"人们就不研究它们之间的关系，其实"无关系"也是一种重要的关系。当有一种恐怖病菌流行时，与其"无关系"是人们最大的愿望。"无关系"也表现为一种空无状态，只有更少的人对之感兴趣。

（5）玄关系

玄关系：是指"逢 M"与"进 N"上述 4 种关系之外的关系。

4 是人类认识的极限，4 以上是不能认识的。除了上述的 4 种关系，或许一定还有第 5 种关系，但第 5 种关系是不可名状的关系，是神秘关系、暧昧关系、不明关系，可以归类为不能认识的关系，姑且将这种关系称之为玄关系。"玄关系"的范畴远远大于前 4 种"是、非、或、无"关系。前 4 种关系都一定可以在如意算盘之中表示，如意算盘之外的，如意算盘不能表示的都是第 5 种关系，玄关系。并且除了如意算盘之外的玄关系，还可能在如意算盘范畴内也有玄关系的某种表现。

（五）结束语

本文通过提出进位制的一般假设"逢 M 进 N"，并对其进行了初步讨论，得出"逢 M 进 N"能够用于解释自然世界，并有进一步探讨的价值。进而对进位制的制理分析，说明进位制的制理基础是必然因果关系，是必然因果将整个计数过程联合成复合塔式连锁结构。进位系统的容量、结构与位容、位距、进位量有关。位容与进位量的关系决定进位系统的收敛、发散、平移状态。"是、非、或、无"是人类可以认识的 4 种关系。玄关系是不可认识的关系。

2011 年 11 月 8 日凌晨寅时于京西南

参考文献

［1］陈祖源. 围棋规则演变史［M］. 上海：上海文化出版社，2007.

［2］赵之云，许宛云. 围棋词典［M］. 上海：上海辞书出版社，1989.

［3］围棋术语_百度百科［DB/OL］. https：//baike.baidu.com/item/%E5%9B%B4%E6%A3%8B%E6%9C%AF%E8%AF%AD/550525？ fr=aladdin.

［4］死子惹出"耍赖"风波　中韩围棋规则差异产生摩擦［DB/OL］. http：//sports.sina.com.cn.

［5］李昌镐. 李昌镐纵论21世纪流行布局［M］. 成都：成都时代出版社，2018.

［6］李珺豪. 阿尔法狗是怎么想的［M］. 成都：成都时代出版社，2018.

［7］杜维新，张志强. 围棋人机大战［M］. 成都：成都时代出版社，2016.

［8］黄希文. 阶梯围棋教室——从入门到业余初段［M］. 沈阳：辽宁科学技术出版社，2002.

［9］马净. 百年围棋经典名局［M］. 北京：体育报业（原人民体育）出版社，2007.

［10］中日围棋擂台赛30周年纪念　聂卫平忆惊魂对决_体育_腾讯网［DB/OL］. https：//sports.qq.com/a/20150724/036489.htm.

［11］聂卫平自战回顾擂台赛胜藤泽秀行_棋牌_新浪竞技风暴_新浪网［DB/OL］. http：//sports.sina.com.cn/go/2015-07-03/doc-ifxesfuc3502831.shtml.

［12］第一届应氏杯回顾　曹薰铉夺冠世界围棋形成新格局_综合体育_新

浪竞技风暴 _ 新浪网 ［DB/OL］. http：//sports.sina.com.cn/go/2012-05-14/165760615 15.shtml.

［13］ 应氏杯决赛重拾 23 年前往事 老聂下错飞机丢冠 _ 体育 _ 腾讯网 ［DB/OL］. https：//sports.qq.com/a/20121224/000179.htm.

［14］ 聂卫平回忆应氏杯弃权事件 盛赞应昌期胸怀大度‖纪念应昌期百岁诞 辰 ［DB/OL］. http：//www.sohu.com/a/200030944_495640.

［15］ 应昌期围棋教育基金会 ［DB/OL］. http：//www.ycqweiqi.com/Index.aspx.

［16］ 追忆｜著名实业家应昌期 ［DB/OL］. http：//www.sohu.com/a/1976297 50_735511.

［17］ 杨佑家介绍应氏棋具和规则 设计别具匠心｜围棋｜应氏杯|杨佑家 _ 新浪视频 ［DB/OL］. http：//video.sina.com.cn/p/sports/go/v/doc/2016-10-24/0914653 89015.html？sudaref=www.so.com&display=0.

［18］ 史上最搏命的对局：日本两棋手顶着原子弹爆炸，下完一盘棋 ［DB/ OL］. https：//baijiahao.baidu.com/s？id=1594528262858841290&wfr=spider&for=pc.

［19］ 吴清源（围棋大师）_ 百度百科 ［DB/OL］. https：//baike.baidu.com/item/ %E5%90%B4%E6%B8%85%E6%BA%90/9392？fr=aladdin.

［20］ 如何评价吴清源的一生以及他对围棋所做的贡献？_ 知乎 ［DB/OL］. https：//www.zhihu.com/question/26863154？rf=20729554.

［21］ ［日］吴清源，刘林译. 人生十八局 ［M］. 北京：中信出版社，2004.

［22］ 郑也夫. 围棋·文化·边际人 ［J］. 读书，1990（2）.

［23］ 围棋史上的 9 月 11 日：常昊李昌镐的握手言和之局 _ 棋牌 _ 新浪竞技 风暴 _ 新浪网 ［DB/OL］. http：//sports.sina.com.cn/go/2019-09-11/doc-iicezueu 5088746.shtml.

［24］ 常昊李昌镐巅峰对决 下出四劫循环无胜负 _ 搜狐体育 ［DB/OL］. http：//sports.sohu.com/20050912/n226930415.shtml.

［25］ 体育在线-常昊自评凤凰四劫循环：百年难遇奇局（谱）［DB/OL］. http：//sports.people.com.cn/GB/22155/22160/47629/3687579.html.

［26］ 第二局棋谱详解：柯洁险将 AlphaGo 逼"疯"_ 体育 _ 腾讯网 ［DB/

OL〕. https：//sports.qq.com/a/20170525/036969.htm.

　　〔27〕还记得那个横扫围棋界的 AI "阿法狗" 吗？它输了……_ 凤凰资讯〔DB/OL〕. http：//news.ifeng.com/a/20171023/52749990_0.shtml.

　　〔28〕543 手！琪雅 ZEN 创造最长手数对局！棋友见证历史-人气对局-弈城围棋网〔DB/OL〕. http：//www.eweiqi.com/index.php? m =content&c =index&a = show&catid=226&id=29455.

　　〔29〕电王战 DeepZenGo 引退三番棋　芈昱廷逆转中盘胜 _ 棋牌 _ 新浪竞技风暴 _ 新浪网〔DB/OL〕. http：//sports.sina.com.cn/go/2018-03-24/doc-ifysnevm 5468937.shtml.

　　〔30〕电王战第二局 DeepZenGo 成功 "复仇" 朴廷桓 _ 棋牌 _ 新浪竞技风暴 _ 新浪网〔DB/OL〕. http：//sports.sina.com.cn/go/2018-04-01/doc-ifysuwmk9039682. shtml.

　　〔31〕电王战赵治勋 85 手遭屠龙 DeepZenGo 完美告别 _ 棋牌 _ 新浪竞技风暴 _ 新浪网〔DB/OL〕. http：//sports.sina.com.cn/go/2018-04-07/doc-ifyvtmxc38480 88.shtml.

　　〔32〕围棋 AI 也有个性（上）——AlphaGo 的个性？DeepZenGo 的个性？〔DB/OL〕. http：//baijiahao.baidu.com/s? id=1580741145291792185&wfr=spider&for= pc.

　　〔33〕【围棋 AI】和 DeepZenGo 对局后的感受——围棋 AI 也有个性（下）〔DB/OL〕. http：//www.sohu.com/a/197108817_495638.

　　〔34〕胡耀宇.当湖十局到底是什么水平？〔DB/OL〕. http：//sports.sina.com.cn/ go/2018-10-16/doc-ihmhafir9200941.shtml.

　　〔35〕超脱胜负之外的珍珑棋局——中国古谱征子排局鉴赏〔DB/OL〕. https：//baijiahao.baidu.com/s? id=1640098018232320184.

　　〔36〕唐明皇一路妙手屠郑观音　攻杀能力超强（多谱）_ 手机新浪网〔DB/OL〕. https：//sports.sina.cn/others/qipai/2016-10-20/detail-ifxwztru6699960.d.html.

　　〔37〕最长的对局【围棋吧】_ 百度贴吧〔DB/OL〕. https：//tieba.baidu.com/p/ 712391369? pn=1.

[38] 糖浆劫【围棋吧】_ 百度贴吧 [DB/OL]. https：//tieba.baidu.com/p/
5124510511? red_tag=0913266552.

[39] 杨晓国. 围棋溯源 [M]. 太原：山西经济出版社，2007.

[40] 何云波. 中国历代围棋棋论选 [M]. 太原：山西人民出版社，2017.

[41] 惠弋. 中国围棋国际传播研究 [D]. 武汉：华中师范大学，2013.

[42] 体验美国围棋大会（一）_ 咏鹏 _ 新浪博客 [DB/OL]. http：//blog.sina.
com.cn/s/blog_53ff1c7f0102wgem.html.

[43] 围棋中兴之路之"互联网+围棋"[DB/OL]. http：//www.sohu.com/a/
85072138_427990.

[44] 围棋遇上互联网：科技打开优秀传统文化未来之门-云+社区-腾讯云
[DB/OL]. https：//cloud.tencent.com/developer/article/1026862.

[45] 互联网围棋趣话（二则）_ 余昌民 _ 新浪博客 [DB/OL]. http：//blog.
sina.com.cn/s/blog_551f8e480102wvyf.html.

[46] 我在网络围棋世界里曾经接触到的那些人和事-触乐 [DB/OL]. http：//
www.chuapp.com/article/283220.html.

[47] 赞成"座子、还棋头"的古棋规则的人似乎越来越多了【围棋吧】_
百度贴吧 [DB/OL]. https：//tieba.baidu.com/p/5391386518? red_tag=0842660749.

[48] 当前围棋行棋理论发展的新趋势：全局杀 _ 小虎娃的地盘 _ 新浪博客
[DB/OL]. http：//blog.sina.com.cn/s/blog_53995afb0102yzpf.html.

[49] 第 1 届吴清源杯世界女子本赛第 1 轮-棋谱-101 围棋网 [DB/OL].
https：//www.101weiqi.com/chessbook/player/632/524829/.

[50] 所有围棋职业棋手，都会下盲棋吗？_ 百度知道 [DB/OL]. https：//
zhidao.baidu.com/question/276019216.html.

后记

今天是庚子年元宵节。书稿的电子版终于录入完成了。最初产生围棋记谱方法的念头是在 30 年以前。1991 年 1 月写了一个初稿。1997 年 9 月申请过发明专利。2007 年手写了书的初稿。2019 年 12 月终于有了时间，寻求出版的机会。之后用了两个月的时间，将原来手写的稿子整理录入。调整替换了新的内容，到今天终于完成了。

完成这件事，是我内心的一个承诺。由于工作和生活的原因，一直没有如愿。东方是悠闲的。多大的事都说十年不晚，但拖延了 30 年还是有点过分。所以有些事，还是要抓紧时间才好。

我坚信这是一个好方法，对围棋发展有益处的一个好方法。可是我不是以围棋为事业的人，没有时间和精力投入进去，一直拖延到今天，终于算是有了一个成品。

这是一个小小的创新。任何创新都是跨界，都是破壁。需要资金、时间、精力的支持，还需要遇到对的人。创新最困难的是打破旧有的观念，接受创新也需要打破旧有的观念。大家都是在旧观念中学会围棋的，要接受新的观念，真是太困难了。围棋的新观念不容易被接受认可，围棋的发展说明了这一点。围棋也是"无文的文化"，有了这本书，围棋的文化可以有些新的气象吧。对我来说，现在有了这本书，可以再等待数十年，期待有识者发现。

现在谈冠色变，影响心情。有许多话想说，写了又删了，多说无益，还是不说了吧。

写了这么多，就是为了告诉你这是一个好的方法，可以帮助你提高围棋实践，可以发现更多的围棋奥妙。

就这样吧。

2020 年 2 月 8 日　北京丰台